本を売る技術

Book Selling Technique

矢部潤子

まえがき

杉江由次（本の雑誌社 営業部）

高校を卒業して本屋さんでアルバイトを始めたその初日、当然レジに立てるわけもなく、本を並べることもできず、社員の方から今日一日店内を見て棚を覚えてくださいねと言われました。それと同時にもし棚がガタガタしていたら引っ込んでしまった本を棚の面に合わせて揃えるように教わりました。その方が綺麗だし、照明が当たって背表紙がよく見えるでしょうと説明され、それまで大人の言うことに反発することしか知らなかった青年（私）は、もしかして授業より仕事は百倍面白いのかもと、慌てて親から持っていけと言われていたメモ帳をポケットから取り出しました。

社員の方は続けて、棚がギチギチだったら本を取り出すときに背表紙の上が破けたりするので指一本すっと入るくらいにして欲しい、その時にはもし巻数ものや上下巻の本があったらそれを優先して抜いて欲しい、そして上下巻なら下巻を抜いてね、でも上中下巻の場合は中巻は抜かないでねと言って、なぜだと思うと聞いてきました。お客さまの購買判断に一番役に立たなそうな中巻をなぜ抜いてはいけないのか答えられずにいると社員の方は教えてくれました。

「もし中巻を抜いて上下の巻が棚に差さっているとお客さまが上下巻の本だと間違えて買って

いかれてしまうかもしれないでしょう」

その時から本屋さんの仕事、〝本を売る技術〟に興味が湧きました。超がつくほど多品種の、同じ値段でしか売ることのできないものをどのように工夫して売っているのか。私はその後、本屋さんのアルバイトをやめ、出版社に就職し、営業マンになったので日本中の本屋さんをまわり、書店員さんと話をする機会ができました。そこでたくさんの書店員さんから本を売る技術について伺ってきました。

そんな中、どんな質問にも具体的かつ論理的に答えてくれたのが、この本の著者矢部潤子さんです。出会いは20年以上前のパルコブックセンター渋谷店で、その頃矢部さんは立ち止まらないと有名でした。とにかく売場を動きまわり、品出しや棚整理、売行きを確認していました。私や他の出版社の営業マンは矢部さんと並走しながら話をしました。その後矢部さんは、リブロ池袋本店や他のお店に異動し、店頭で本を売り続けましたが、最後のその日まで店内を動きまわり、本を売っていました。

それがやっと3年ほど前、矢部さんがデスクワークの仕事に就き、少し立ち止まる時間ができました。いつかきちんと話を聞きたいと願っていた私は矢部さんをランチにお誘いし、ゆっくり話を伺えるようになりました。あまりにその話が面白いので、そのうちレコーダーをまわしながら、テーマも携えて定期的にランチをともにするようになりました。

その記録がこの『本を売る技術』です。ただ並んでいるように見える本屋さんの本が、ここまで意図して意識的に並べられていたなんてと驚きの連続でした。しかも売るためにできることは本を並べることだけでなく、その手前でさらに様々工夫がされておりました。

毎度ランチを終えると急いでテープを起こし、次なるテーマを考え、このような書籍にすることにしました。あの日、アルバイト初日に私が本屋さんの本を売る技術に感動を覚えたように、今、初めて本屋さんで働き出した人が本を売る喜びや楽しさを感じてもらえたらと。また各章の間には小林泰大さんに協力を仰ぎ、出版業界ならではの商取引や流通など補講として説明していただきました。

矢部さんだけでなく日本中の本屋さんがそれぞれの工夫を凝らし本を並べているのだと思います。『本を売る技術』を読んで、本を売る人と本を買う人がさらなる本屋さんの面白さに気付いていただけたら幸いです。

本屋で働く新しい人たちへの10ヶ条

1、新聞を読むこと
2、売場にいること
3、品出しを優先すること
4、考えて並べること
5、本をよく見ること
6、手を動かすこと
7、売場とお客さまに教わること
8、棚で語ること
9、本を売ること
10、そして本を愛し過ぎないこと

第1講

咲く場所に置きなさい

- 流通
- 取引条件
- 注文・返品
- 棚整理
- 平台の整理
- 積み方の法則
- 売場作り
- 品出し

最初に教わったこと教えること

矢部　この間、いろいろ整理してたら2007年からリブロ池袋本店閉店までの手帳が出てきたの。懐かしくて見てたら、2007年頃は空欄が多いんだけど、改装した頃（2009年）からだんだん埋まってきてて。

――あら、真っ黒じゃないですか。しかも一日何個も予定が入ってますね。

矢部　サイン会とかイベントがこの頃から圧倒的に増えていったんですね。あと著者訪問も。

――何時、何時に来る……と書かれてますね。しかも一日に何人も……。著者ってこんなに来てるんですか。

矢部　その間に出版社さんとの商談もあります。

――僕、30年くらい前に本屋でアルバイトしていたんですけど、その頃ここに書かれているような仕事はほとんどなかったような……。

矢部　ないですよね。著者が書店を訪ねて来るなんて。

――サイン会以外で著者が来るなんて考えられなかったですね。

矢部　あと、増えたのは取材かな。

――それ以外にも出版社が新刊のゲラやプルーフを持って来て読んでくれとか。そんなことも以前はなかったですよね。

矢部　ゲラなんてないですね。見たこともなかった。

――書店員の仕事ってすっかり変わっちゃいましたよね。

矢部　今は兼イベント屋さんだよね。売場を作るより、何かを企画することが仕事になったのかも。その分、売場作りは疎かになってしまっていると思います。

――やっぱり疎かになってますか？

矢部　店員の数だって減ってるでしょ。今やらなきゃいけない仕事をしていると、売場の仕事ってどんどん後回しになっていっちゃう。本末転倒だと思うんだけど。

――僕は1年半くらいしか本屋でアルバイトしてないんですけど、その後、出版社に入った時に自分のペースで仕事ができるってこんなに楽なんだと思いました。

矢部　ワタシも今、人生で初めてデスクワークの仕事をしているからその気持ちよくわかります。この手帳みたいな仕事、そのときは楽しい！って思ってたけど、イベント屋さんは嫌かも。

――一日中振り回されて、何もかも気になって……。

矢部　それで実際には売場は進んでないなんて（笑）。

――変に充実感はあるから、やった気にはなってしまいますしね。

矢部　でもね、みんな気になってると思います。棚が荒れているとか、あれ注文しなきゃとか。それができないことが、実は書店員にとって一番ストレス。

――その書店員の仕事を教えてくれる人もいなかったりして、いきなり売場を任されている人も多くて、これであってるんだろうかと不安を抱えながら日々仕事をしているような人も多いと思います。

矢部　不安なのはわかります。ワタシも学校を卒業して芳林堂書店に入社した3年間は周りが全員先生だったけど、次に勤めた新所沢のパルコブックセンターでは経験者で入ってるからもう誰からも教われないんだって思って不安になりました。

――芳林堂での3年間はどんなことを教わったんですか？

矢部　新入社員を定期的に採用し始めた頃に入社したせいか、先輩たちがすごく期待していたみたいで、とても一生懸命教えてくれました。ただそれが座学だから眠かったけど（笑）。

――ははは。

矢部　でもね、当時の店長が年配の女性だったんだけど、自分の長い読書生活みたいなことを話してくれて、これが意外と面白くて、こんなに本読んできてるんだって感動したのは覚えてますね。

――出版流通に関する話とかもそこで勉強したんですか？

矢部　店長やフロア主任たちが総出で講師になって、めいっぱいカリキュラムが組んでありました。

トーハンや日販が配ってるような新入社員向けのハンドブックを持たされて、読みにくい販元名とかそういうのを一週間くらいやりました。今でも覚えてる。古今《ここん》書院とか芸艸堂《うんそうどう》とかね。その後、全館を３ヶ月間かけて巡回しました。それでワタシの最初の配属は理工書だったの。

株式会社メディアパル刊

株式会社トーハン刊

――書店員スタートは理工書だったんですか？

矢部　そう。それで、その間にも仕入れの係長だったかな、「君たちがあまり理解できてないと思うから、僕が教えます」って喫茶店に呼ばれて、「常備について喋るからみんなメモとって」とか言って、講義をしてくれました。

――そんな風に丁寧に教えてもらえるなんて今となっては夢のような話ですね。

矢部　その係長のおかげで、書店の仕事が少しわかった感じでした。配属後で、ようやく自分の仕事が始まった頃だったから疑問も湧き出ていて、タイミングも良かった。常備は正確には常備寄託といって、入荷するけれど書店の在庫ではないんだとか、1年経ったら返せるとかそういうことだけじゃない、これは1年間借りていて陳列と補充の義務があるんだとか、新刊委託とか延勘とかいろいろ教わりました。その講義が何回かあって、その度に「質問がなければもう次は講義しない」って言われたから一生懸命質問を考えたりしてました。例えば、その書店では必備カードというのを盛んに利用していて、外見は常備カードにそっくりだったんだけど、そのふたつの違いはなんですか？　とか。

――それは真剣になりますね。

矢部　係長も熱心でした。それと、スリップを後ろに差すというのも、その頃売場で教わりました。

――それは新刊で入ってきたときに差し直すんですか？

矢部　そこまではしなかったけど、当時は棚の前にいる時間が長かったから、本を出してはスリップを差し直してました。

――最後のページに差すんですか？

矢部　最後のページから2枚目くらい。奥付が見えないと不便なので。常備カードがあればそれも隣に差します。

――スリップは奥にしっかり差すんですか？

矢部　そこ聞きますか。ちょっとうるさいですよ（笑）。落ちないように奥に差せって習ったんだけど、それだとレジで抜きにくい。なので、3年くらい経った頃に自分で変えて、背側と小口側のちょうど真ん中くらいに差してました。差す位置も、最後のページから2枚目って習ったのに、本全体の中ほどに変えて、そのページ1枚にはさんでいました。それとね、スリップのボウズは出し過ぎない。ハードカバーだったらハードカバーの上面よりちょこっと出たくらいの感じに揃えたかったなぁ。

――でもボウズの出っ張りはどうしようもないですよね？

スリップのボウズが出過ぎないよう折り直し、真ん中あたりの1ページに差し直す

矢部　そこは、スリップを折り直します。

――ええっ?! 入荷した本のスリップを折り直すんですか?!

矢部　そうです。一度取り出して、飛び出し過ぎない位置で折り直します。ボウズが出過ぎてると抜く時にヘロってスリップが破けちゃうじゃないですか。破けると番線印押せないから。

――ああ……。ボウズって、飛び出たほうがいいのかと思ってました。飛び出るのが少ないと印刷所に文句言ってたりして……。

矢部　困りますね（笑）。今はもうスリップに番線印押さないからいいんだけど、昔はスリップに番線印押してそれが注文書として流通していたわけだから。それに常備カードや必備カードは長く使うものだから、とくに大切にしていました。

――矢部さん自身も後輩や部下を持ったときにはそうやって教えていたんですか?

矢部　パルコブックセンター渋谷店にいた頃が一番教えていたかなあ。まずね､図を書くわけですよ。

――棚のですか?

矢部　いや、本の流れのね。新刊と新刊じゃないもの。新刊と呼んでいるのは新しい本のなかでも、一応出て3ヶ月が目安なんです、みたいなことをね。さらに新刊と呼んでいるものは委託品といって出版社から借りているもので、支払いはあとでいいのでとりあえず置いて売ってくださいって出版社が取次店に入れて、その取次店から我々本屋さんに撒かれているものなんです、と。そうではない3ヶ月以上前の本は基本的に買切なのでお金はすぐ払う。その代わり、買切ったからにはきちんと棚に置いて売らなきゃならない、その責任があると。そうすると、新人の子は売れなかったらどうするんですか？　なんて言ってくるんだけど、売れなかったらどんどん増えちゃうし、売れても注文しなかったらどんどん減っていく。そういうことを教えていくと、へえ、とは思いつつもどんどん頭のなかがゴチャゴチャになっていってるのがわかります（笑）。

――僕もゴチャゴチャになってきました（笑）。

矢部　例えば新刊だけの本屋を想像してみてって。直近3ヶ月の間に出た本だけ並んで、古い本が一切置いていない本屋ね。そんな本屋には行きたくならないでしょって。それに本屋が新しい本しか置かなかったら、出版社は古い本をどうしたらいいんだ、お客さまは発売して3ヶ月くらいの本しか買えないのかってことになるから、そのために常備や延勘とかいろいろな仕組みと取引条件があって、お店に揃えておくことができているって話をします。

――勉強になりますね。

矢部　取次もトーハンや日販だけじゃなくて、もっと専門書だけを扱ってる取次とかがいっぱいあって、出版社によって卸している取次が違ったり、うちだっていろんなところから仕入れているって言うと、ひとつの取次じゃないんですかなんて言ってくるから、仕入先がひとつしかなかったら不便なことも出てくるし、あるいは地図だけ得意、学参だけ得意みたいなところから仕入れたほうがしっかり売れるときに商品があって、納期が短いこともあったり、営業の人がきめ細かくアドバイスしてくれたりして、そんなメリットも伝えてあげたり。そういうことをメモ紙に書きながら話します。「そのメモください」って言った子には、その後も教えます（笑）。

——その時点で実はテストされてる（笑）。

矢部　質問もなく、そうなんですねって言ってメモを置いていった人のことは、そのあと忘れます。

——ふふふ。

矢部　棚を担当することになった人には、こんな感じで本が入ってくる仕組み、新刊と既刊の違いや取次の役割などを話します。売場の棚っていうのは、発売後３ヶ月ほどの新刊と、それ以前に刊行された既刊が並んでいて、その新刊部分は、どんどん新陳代謝していくんだけど、新刊委託期間を過ぎて、かつ常備とかの条件が付いていない本は、買い取ったことになるので、売らなければいけないって。それで出て３ヶ月目の本を手に取って、これはこの後、売れるかどうか真剣に考えてみてみたいなことは言っていた。

——構造がわからないと先に進めないですものね。

その本をなぜそこに置くか考える

矢部　とりあえず仕組みが頭に入ってないと、それこそ入ってきた本をただ置いているだけの機械になっちゃう。なにもしなくてもある程度本が来るんだから、それを並べることが仕事で、並べ終わったら仕事が終わりって。そういう目に見えるだけのことが仕事ってことになっちゃうと困る。その本をなぜそこに置くかを考えないといけないと。ここに本を差す理由、ここに本を積む理由をね。ただ漫然と置いていると、こちらに置けば売れたかもしれないということがわからなくなっちゃうでしょ。そのときの自分の精一杯の意思をもって本を差したり積んだりしないとね。たとえ返品になっても、自分で考えてそうしたってことは、次があるってことでもあるし。

――本屋という仕事が他の小売りとちょっと違うのは返品があるってことですよね。実は何を売るかと同じくらい何を返すかっていうのが重要な要素になるんですか？

矢部　そう！　毎日入荷する本と同量が売れるわけじゃないんだから、返品は出ます。で、日々、何を返品するか、ですね。それができないととりあえずみんなストックに入れて終わりになっちゃう。怖がって返さなかったり。

――そういうストックはよく見ますね。

矢部　ストックにみっちり入れてた子がいたの。棚にある商品と同じものじゃなく、違う本がみっちり。1冊じゃ間に合わないほどのスピードで売れるから2冊在庫持っていますっていうんじゃないの。理由を聞いたら、棚から1冊売れたとき、次に売ろうと思っていたものをストックから出しますって言うわけ。それならあなた、この棚全部の本のナンバー2を持っているのかって聞きましたよ。そしたらもう一軒本屋ができちゃうって話ですよね。毎日、新刊も入ってくるわけで、こんなに何十冊ものナンバー2を棚下にみっちりストックしておく意味なんかない。要するにどの本を返すかジャッジができないんだと思いました。判断するっていう仕事をサボってると。

――返す判断というのはやっぱり難しいもんですか？

矢部　これも売りたいあれも売りたいって気持ちはわかるんだけど、お店のスペースは限られているわけで、そのスペースはあなたのものじゃないって。ま、これは昔ワタシが先輩に言われたセリフなんだけどね。店長のものだったり、社長のものだったりするんだから、そのなかで一番売れる棚を作るのが、あなたの、書店員の仕事でしょって。棚に40冊入るんだったら、41番目に売れる本は不要なんだ。ストックみっちりの彼女にそれを言ったら不満気でね。

――矢部さんは返すときの根拠というのは何に求めてたんですか？

矢部　昔は売上データを見るハンディターミナルなんてなくてスリップを見るしかなかったんだけど、今にして思えば売上だけじゃなかったかもしれないよね。一概に回転数というわけでもなくて、やっぱり誰々のこれこれはこの棚には欠くべからざるっていう本があって、それは売上データに関わらず残していた。とくに専門書にはわりとありました。ただ、何を返品するかをジャッジできないと仕事が終わらないから、スパスパと判断していかないとね。

――じゃあ文芸書なんかはどうするんですか？　文庫になっているとか見ていくんですか？

矢部　文芸書は基本的に古いのは返していたかも。文芸書の棚は、その著者の発行順に並べていました。奥付を見て、左から右に、デビュー作から順になるのね。例えば村上春樹だったらまず『風の歌を

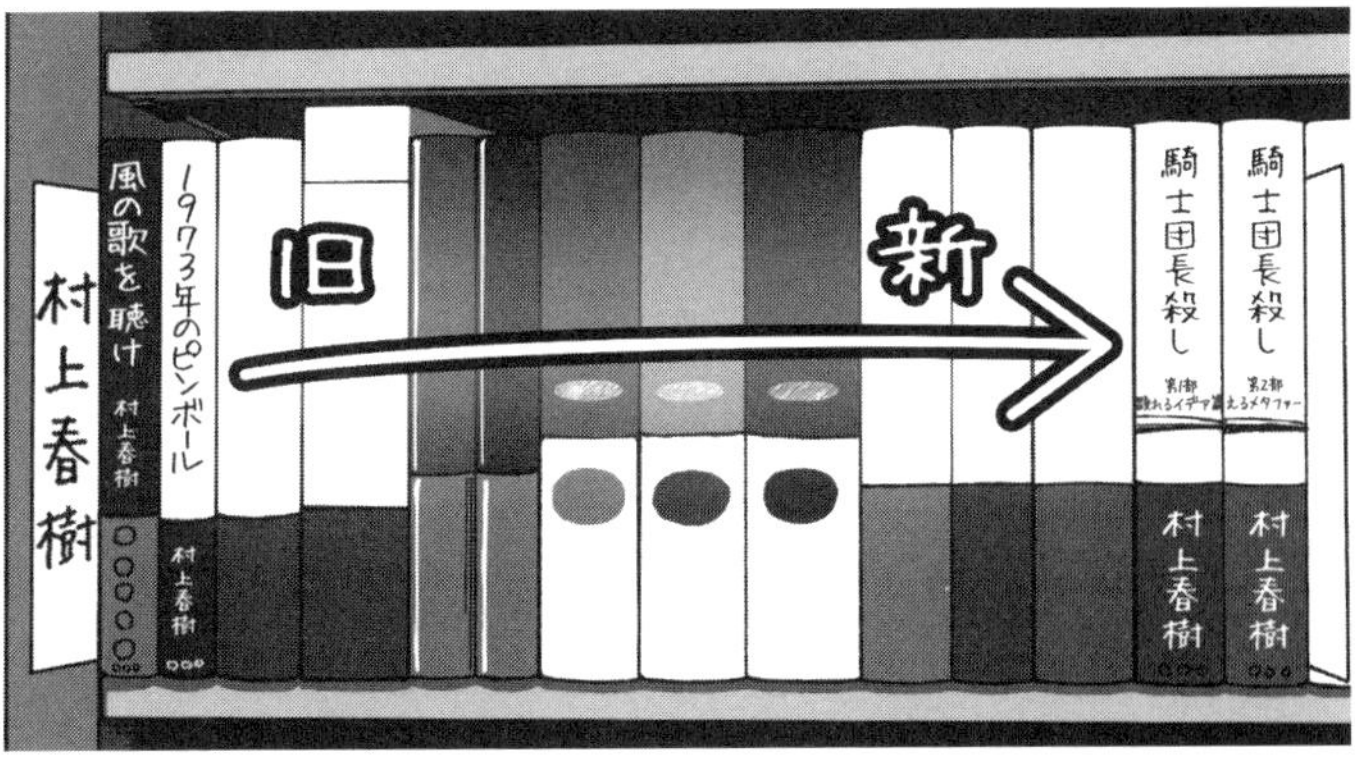

同著者の本は左から右に発行順に並べる

聴け』があって。本屋はみんなそうだったでしょ？　あれ？

――えっ？　そうなんですか！　全然気づいてませんでした。じゃあ新刊が出たら一番右端に差せばいいってことですか。

矢部　そうそう。いつも新刊はその著者の一群の最右端。問題はエッセイ。

――エッセイ？

矢部　刊行順だとエッセイが間に入っちゃうこともある。それがちょっと落ち着きが悪くて、エッセイだけをまとめてみたりね。それはそれぞれ書店員が試行錯誤していると思いますよ。

――判型とかにかかわらず、左から刊行順に並んでいるわけですね。

矢部　そう。

――それ、気づかれたお客さまっていますか？

矢部　みんな気が付いてくれてると思ってた！　新刊はこのへんかなって。

――異動されたお店でも、必ずそうやって並べ替えるんですか？

矢部　そうです。そうなっていなければ。

――棚が50本あったら、50本全部変えるってことですか？

矢部　それはそう。変えれば、翌日からすぐに本を入れられるでしょ。悩まないもの。前任者の棚が売れ続けていて、法則がわかりやすければ自分はそれに倣います。でもそれが理解できなかったら、この本が正しい住所に入ったかどうかが分からなくてその都度考えちゃう。どんどん作業が遅くなって、仕事が進まない。だから異動したり新しい担当になったりしたら、売上とのバランスはもちろん見るけれど、自分の納得する棚に変えるかな。

――本を置く正しい場所をまず決めるということですか。

矢部　はい、正しい本籍を決めます。専門的なジャンルは、出版社の人に聞いたり、自分で調べたりして入れ替え、調整します。そうするとだんだん棚が自分のものになっていく。いち段落して顔をあげると、今度はそもそもの棚の構成自体が気になってきて、そこまでいくと、ほとんど気分は改装ですね。そういった見直しは、どのお店に行っても最初にやります。

――大変ですね。

矢部　あのね、まず何より棚が綺麗になるでしょ。本のカバーが破けてるとか日焼けしているとか、帯が切れちゃってるとか、そういうくだらないことが一掃できます。汚れている本を並べてるなんて、その時点でその本の売上も、お店の将来も諦めてると思われる。ジャンルを一周すると、ジャンルの偏りや、不自然な位置とか、手を入れるべきポイントがなんとなく見えてきます。例えば実用書を整理している場合だったら、あれ？　卓球の本がないぞとか、単純なことだけど。

――大々的な棚整理をするんですね。

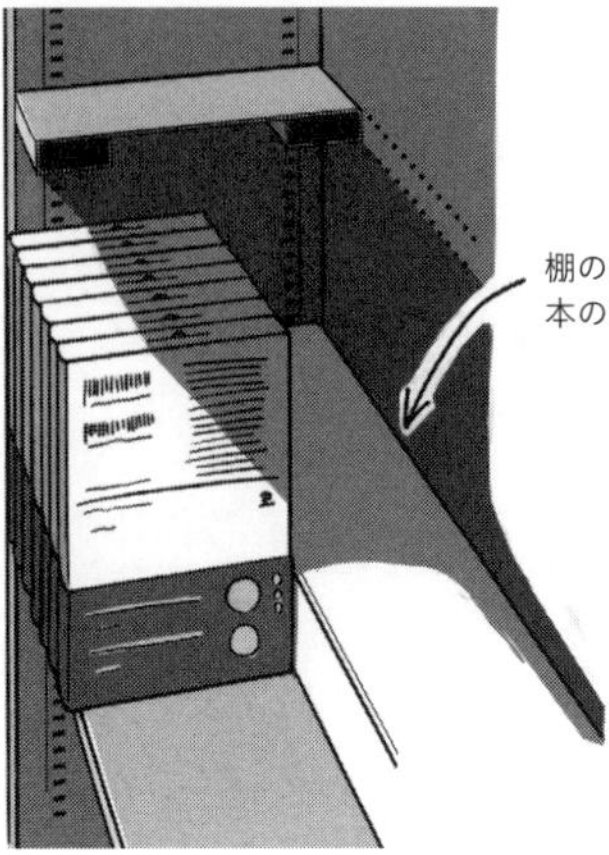

棚の奥にあんこ棒を入れて
本の背を5ミリ出すようにする

既成のあんこ棒がなければ
スチレンボード等を切って
作る。5ミリ出る位置に線を
引いて切る

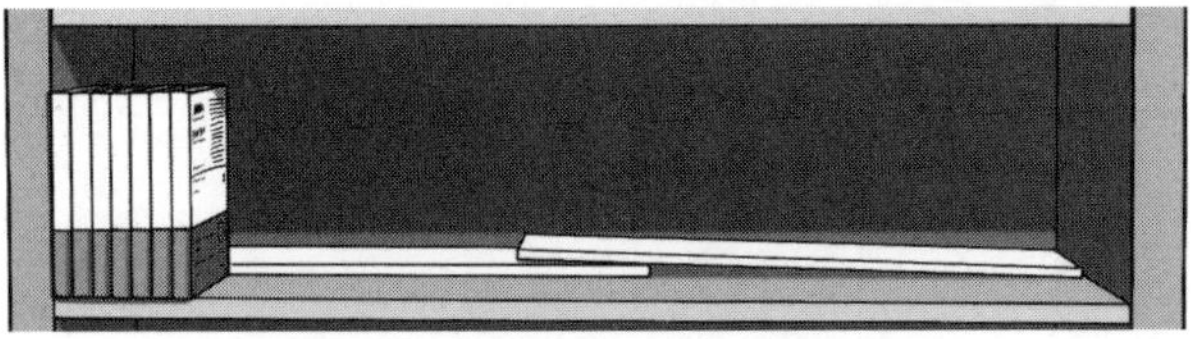

あんこ棒の長さが棚に合わないときは重ねて使う

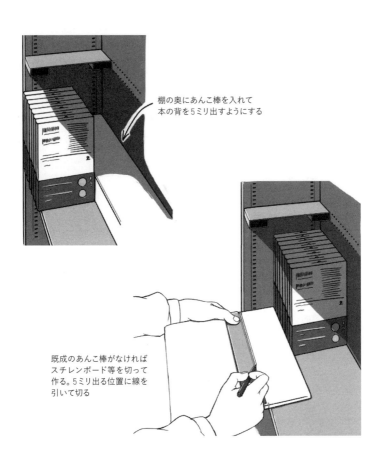

矢部　そういうことです。でね、棚整理はね、棚の前に立ったときに、本の背が横に揃っているようにします。面を合わせて、奥に引っ込んでる本は前に出して揃えてってやっていくわけだけれど、そのとき、棚から本の背が5ミリ前に揃って出るようにしたい。

――奥に押さずに少し出るようにするわけですか。

矢部　あんこ棒を棚板の奥に入れて、本を前に押し出します。既成のそれ用あんこ棒もあるし、スチレンボードを切ってお手製で作る場合もある。

――何で本を5ミリ出すんですか？

矢部　本が手に取りやすくなるでしょ？　ってことは買いやすい。それに照明があたって背表紙が読みやすくなる。

――すごい気遣いですね。でも些細なことで人は手を伸ばすか伸ばさないか無意識に行動が変わりますもんね。そういう棚整理の仕方というのは、下の子に流通の仕組みを教えた後にすぐ教えるんですか？

矢部　棚整理の仕方より、平台整理の仕方を最初に教えるかな。

――え？　本が乱れずに積んであればいいいんじゃないんですか？

矢部　本屋って、たいがい、棚があってその下に平台があって、その棚の端にエンド台がありますよね。で、そのエンド台の前は比較的広いメイン通路かな。その場合、棚下の平台を整理するとしたら、エンド台に近いほうから整理し始めます。なぜかというと、平台にきっちり完璧に隙間なく本が並ぶなんてことはないわけで、必ず少しスペースが余るんですよね。それが一番人通りのある方にあったらみっともないし、もったいない。人通りがあるということは、お店として見てもらいたいところであり、つまり売れる場所なわけだから、そこに中途半端なスペースが空いているのはよろしくないですよね。

—— な、納得です……。

矢部 そうやって、棚下平台は人通りの多い側から順に並べ直します。棚下の平積みが2列の場合、後ろ側の本が低かったら手前に出したり、前後左右の並び

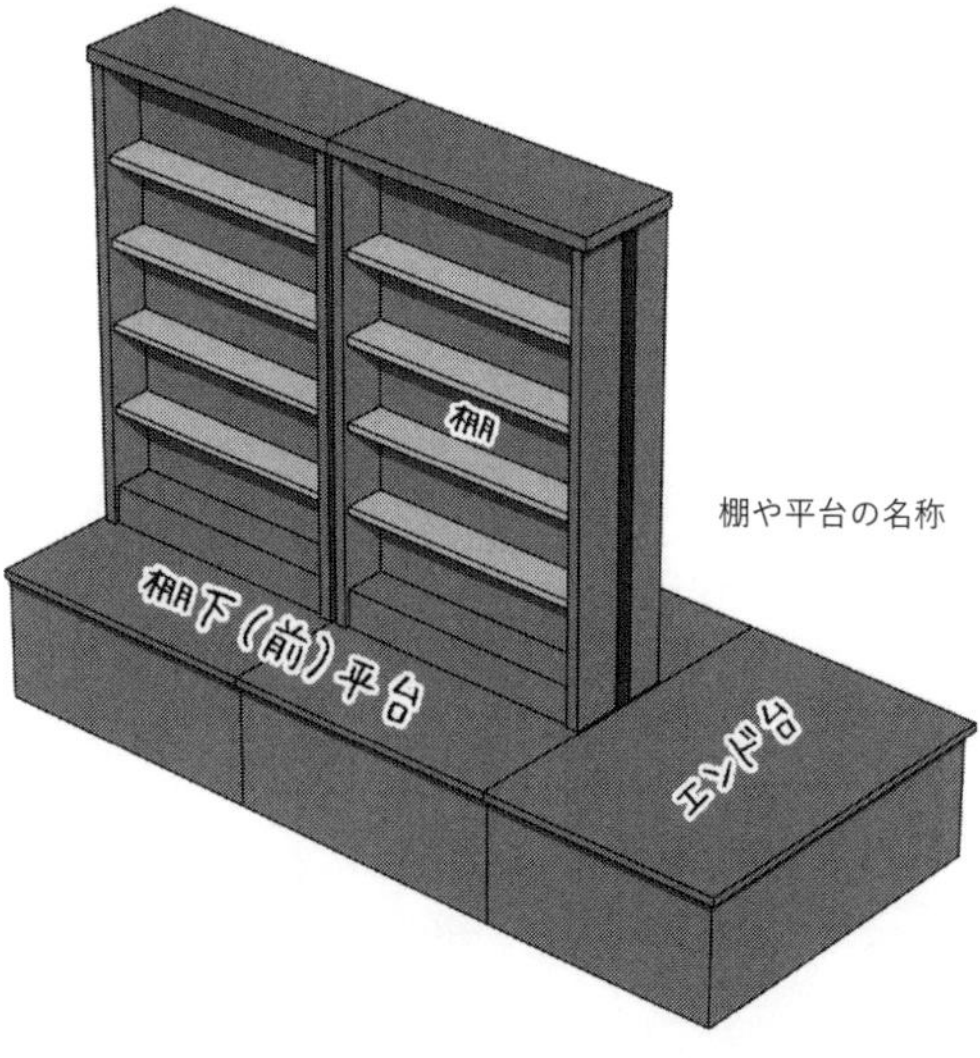

棚や平台の名称

を確認してより買っていただきやすい配置にしたりしながらね。でね、この並べ直すときに、本と本をギュッて密着させないようにしてもらいたいんだよね。とくにハードカバーの本ばかりだと、本の背と隣の小口が噛んじゃうでしょ。ちゃんと一度はがして並べ直していれば問題ないんだけど、隙間に無理に入れようとしたり、本を平積みごと押したりすると、本と本が噛みがちですね。たまに棚の中を歩いて、棚下平台の本を手に取って、スムーズに取れるかどうか確かめます。そのとき、両隣の本も一緒に持ち上がって来ちゃったりすると、燃えます。教えるときは、下敷きが1枚スッと入るくら

棚下の平台は人通りの多いエンド台側から積み、どうしても空いてしまう空間は奥に作る

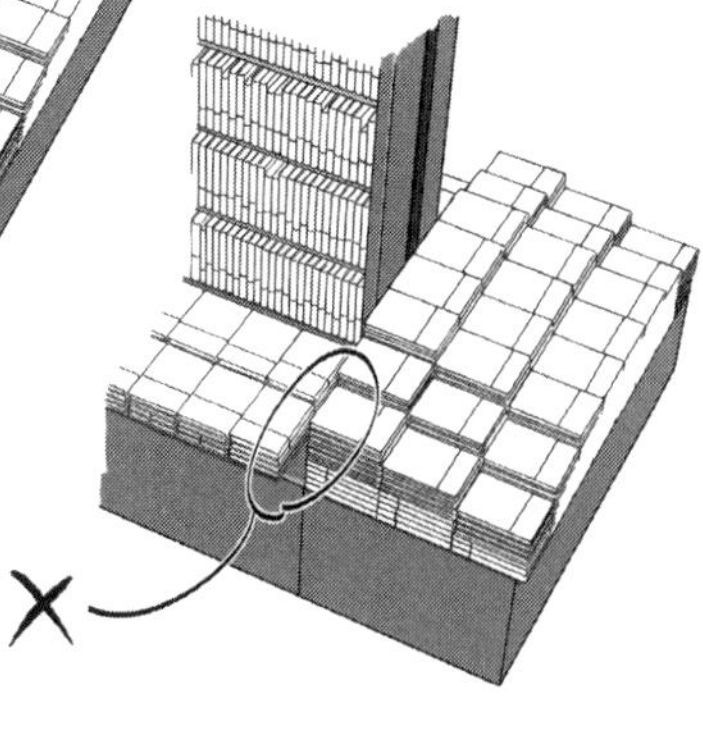

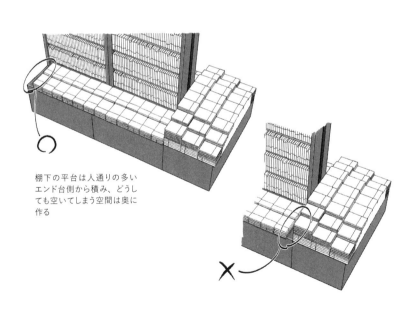

いにしてって言ってました。で、ホントに下敷き持って歩く（笑）。

——下敷きの話を以前矢部さんから伺って冗談かと思っていたんですが、部下の人に聞いたら実際にやっていたと。下敷きも持って……。いやービックリしました。

矢部　やってましたよ。そういうのをきちんとしないと売場はどんどん荒れていっちゃいます。まあ本の配置を考え直すことはともかく、本を外してホコリを払い、無駄なスペースが空かないように置き直すくらいのことは、入社したてのアルバイトにも教えたと思う。平台の奥側で凹ん

平台の本を整頓する際は、
必ず一点一点手に持ち動かす

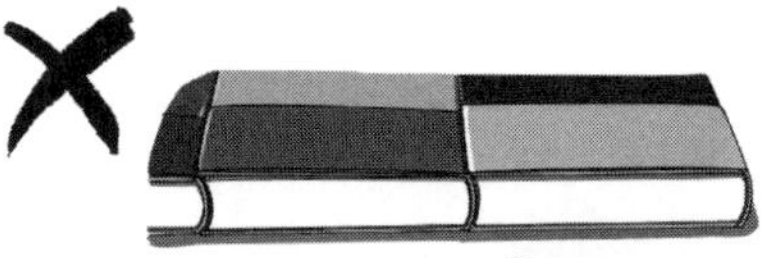

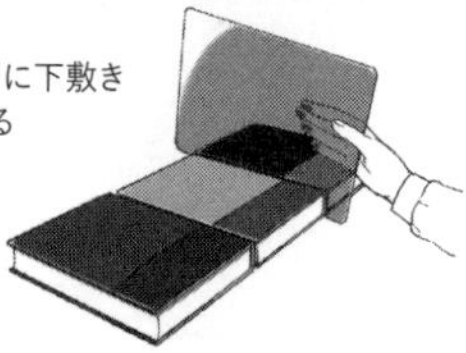

平積みの本と本との間に下敷き
1枚入るスペースを作る

でいる本なんて、取りづらくて誰も買わないでしょ。それに凹んでるとカルデラ湖みたいで、ホコリが溜まるからやめてって(笑)。自分で本が買いたくなるようにやってみてって言って、終わったら点検しに行く。

――その最後の隙間の部分をボードなどで平台拡張して置くっていうのはないんですか?

矢部　はいはい、実はよく見ますよね。でもやりません。

――少しはみ出すけど、これなら並べられるじゃん、みたいな。

矢部　平台の端にスチレンボードを置いて平台拡張、もう1点置ける！　ってことになって嬉しいんだと思うけど、不安定だし、ずれて乱れちゃうし、本が落ちちゃう。

――重い本だと板が歪んで落ちそうになってたりしますもんね。

矢部　だいたい美しくない。それよりなにより危険でしょ。お客さまがケガしたらたいへんです。

取りやすく、買いやすく、戻しやすくする

――あれはやっぱりなるべくたくさんの種類を積んだ方が売れるって思っちゃうんですかね？

矢部　いっぱい並んでた方が売れるっていうよりは、実は外す本がわからないからなんじゃないかと思います。何を外すかってちょっと悩むことだから、考えて判断する手間を惜しんで、10点しか積めない平台に無理に11点積んじゃおうとするんじゃないかしら。

――外すより積んだ方が早いと。

矢部　そうそう。悩んだ挙句、平台の真ん中の1点を外そうと思ったら、ほぼ全点動かさなくちゃならなくなる。それは大変と思ったら、スチレンボードの1枚くらい持って来ますよ。

――そっちのほうが面倒じゃない。

矢部　それでボードをかませて、本を置いちゃう。次にまた入荷したら、その後ろにギュッと詰めて置いちゃおう、ってどんどん増えちゃう。でも、当然無限じゃない。什器の制約っていうのは必ずあるんだもん。

――はい。

矢部　制約がある中で最大限売れる棚や平台を作るのが書店員の仕事だと思う。ある店に異動になっ

たとき、そこら中にワゴンがあったの。ベビーカーも通れないくらいで、安全上も問題ありそうだった。整理して、ずいぶん捨てました。あれも同じで、一度タガが外れちゃうと、際限なくなっちゃう。新規に開店したきれいな書店が、３ヶ月後に行ったら折りたたみ机やワゴンだらけだったってことよくあるよね。

――たくさんあれば売れるもんじゃない？

矢部　ワゴンは、今度この商品を売るぞ！　って決め打ちするときにはいいかも知れないけど、いったん使い出すと、いつも何かを載せちゃいがちなのよね。常設になっちゃう。常設より目立たせたかったのに。

――今度はなかなか撤去する決断ができない。

矢部　結局、平台を拡張するためにかませるボードと一緒で、判断がつかなくて、どんどんワゴンが増えてっちゃうんだと思います。

――やっぱり、大事な仕事は、さげること、返品することなんですね。

矢部　そりゃ返品は減らしたいし、今は返品率とか指摘されたりもしますけど、そうはいっても委託で商売しているわけで、返品は出ます。だったら、そのやむを得ずする返品は、当然のことだけど売れないものから返品しなくちゃいけない。そのジャッジを早くできないと、仕事がどんどん滞っちゃいますね。まして仕事は山のようにあるわけだし。返すのを間違わないように学習しないといけないと思います。

――でもなかなか判断ができなくてどんどん売場が広がっていっちゃう。在庫も増えていく一方で……。

矢部　売る数を注文して全部店頭に出す、ストックしない、というのが、まぁ理想かな。もちろん文庫とか新書はそんなわけにいかないけど。

――じゃあ、この平台の整理のときに気をつけることってなんですか？　平台に積んだ本の手前が低くなきゃいけない？

矢部　手前を低くというのは基本ですが、要はお客さまが手に取りやすければ良しです。そして、棚割りの通りに、平台商品も並んでいたいと。例えば棚が2本あって、左側が心理の棚、右が哲学だったとき、平台商品も左右その通りに置かないとね。心理関係の平台商品が次々ヒットしたりすると、つい哲学陣地に越境するでしょ。これをしないようにって。

――でも心理のほうが売れていて哲学のほうは売れてないなって場合はどうするんですか？　それでも棚に合わせて平台に並べて、本棚がジャンルの境界線なわけですか？

矢部　そうなんだけど、もしいつもその状態なら、そもそも棚割りが間違ってるのかも知れない。それだけ売れるんなら心理をもう1本増やすべきかも。そうやって棚割り自体を動かして、より売れる方向に変えていくことも考えないとね。

――エンド台側の人通りの多い平台から整理し、上を見て、あってるあってないを確認する。平台に何冊ずつ積むとかはあるんですか？

矢部　それ、聞きます？　実はすっごくうるさいんですけど、いいですか(笑)。棚下平台に何冊積むかは、最下段の本を取り出すのに邪魔にならない高さまで、ということになりますよね。せいぜい５冊くらい。エンド台や独立した平台なら上限は30冊くらいかしらん。で、問題はその積み方ね。５冊の場合、下が２冊、上が３冊で本の向きを変えます。４冊のときは、下が２冊、上が２冊。７冊のときは、下が３冊、上が４冊。10冊で５、５ね。

――ま、まさかそんな法則が隠されていたとはっ！(笑)。

矢部　まだまだいきます。11冊は５冊、６冊。15冊は５冊、10冊。17冊は、５冊、５冊、５冊、２冊。20

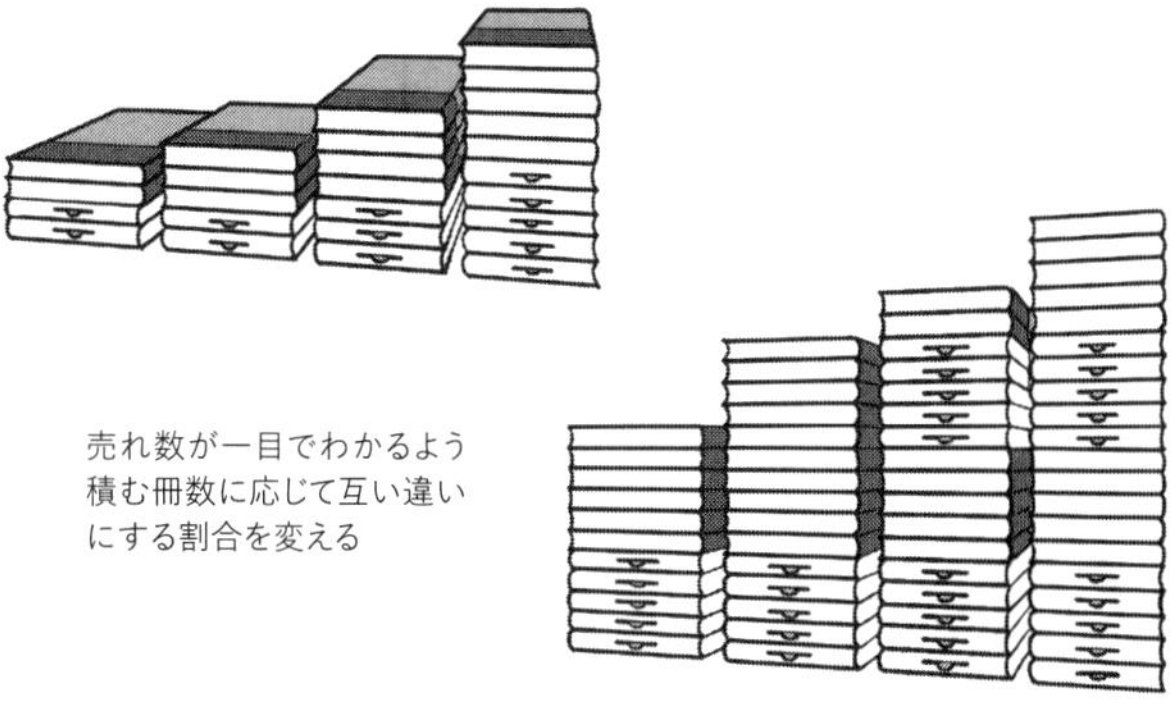

売れ数が一目でわかるよう積む冊数に応じて互い違いにする割合を変える

冊は5冊、5冊、5冊、5冊なのよ。

――すごい！　えっと……。15冊はなんで上が10冊なんですか？

矢部　へへへ。店頭に積むときは、最初はいつもお客さまから見て反対側から積みはじめます。表紙の天地が逆さまになるようにね。

――はい。

矢部　で、次はお客さまからタイトルが読めるよう普通の向きに積みますね。当然だけど一番上の本はいつもお客さま側に向くようにする。しかも、売れたときに入れ替える手間をなるべく省くためにまともな向きのものを多くする。

――なるほど。

矢部　17冊を5、5、5、2で積むと2冊売れたら反対向きの表紙が出現しちゃうので悩みどころなんだけど、5と12で上製本を積むとさすがに相当傾くからね。

――倒れそうになりますよね。

矢部　倉庫とかにストックするときは、どちらから積み始めてもいいんだけど、店頭平台のときは必ず反対向きから積み始めます。売れて残部数が平台に5冊になったときには、上の3冊だけ掴んでまともな向きに置き直す。もし、最初の5冊をまともな向きから積んだら、その5冊を全部外して積み直すことになる。

――面倒くさいと上の1冊だけ正面に向けてごまかしたりしますよね。

矢部　手焼き煎餅じゃないんだから！（笑）。お客さまが平台から本を手に取ったときに、せめて2冊目くらいまではお客さま側、まともな向きに積まれていてもらいたいのよね。手に取った後って、あれ？　タイトルなんだっけ？　とか思ってまた平台を見るときあるじゃない？

――ありますね。それに戻すときにも逆さだとどこだかわからなくなっちゃって適当なところに戻されたりするかもしれませんもんね。本が傾かないように互い違いに積んだほうがいいとは思ってましたが、まさかこんな法則を考えていたなんて……。

矢部　いつもこんな感じで積めば、積んである本も傾かないし、一目で売れた冊数もわかる。つまりは、お客さまが平台の本を取りやすく、買いやすく、戻しやすくするためです。崩れないようにってことではあるんだけど、こんなことを考えて、お客さま側、まともな向きに積む冊数を多くしていました。これ、いままでずいぶん人に言ったんだけど、意外に伝わらなかった（笑）。

――なんでこんなことするんだ？　と思う人はいると思いますよ（笑）。とりあえず積んであればいいじゃんって。

矢部　ワタシだって、いつも平台を横から眺めてはやり直してるわけじゃない。平台を整理するときとか、新刊が入って平台を組み替えなきゃいけないときは必ずってことね。こういうことって、ベストな形を自分で承知してやっていないと、忙しさの方向が違ってきちゃうと思うんだよね。

――常に自分の中にルールというか理想を持っているということなんですね。それがあるかないかでたどり着くゴールが全然違ってきますよね。

矢部　この平台の積み方でも、こんなことしなくても荷物は片付くじゃない？　だけど、最高な形ではないと。こんな形にしたい、積みたい、置きたい、でも今はここまでしかできない、途上であるって。忙しくて、予期せぬことも降ってきて、そうこうしているうちに一日が終わるんだけど、早く最高な状態、一番売れるだろうと自分が思っている状態に持っていかないといけないって思いながら、仕事するってことね。

何かあるかもと思って毎日来てもらえる売場にする

――基本的に売れる本を手前に積むんですか？

矢部　それはそう。売れる本、売りたい本は手前ね。

――よく見かけるのは、いっぱい来たものを高く積めるから一番奥に積んじゃうことですよね。この前も『漫画　君たちはどう生きるか』が、新刊平台の3列目にドーンと積んであって、高さからいったらそれでいいのかもしれないけど、でも奥だから取りにくいんじゃないかと思ったりしました。

矢部　それはもったいない。ワタシだったら、新刊台の一番前に1ヶ所積んで、残りを別の平台に全部出すかな。新刊台という独立した平台があるのなら、そこは同じ商品を何面も積むのではなく、新刊点数を数多く積みたい。

――あっ、そうなんですか？　どの本も多面ではなく1面ずつ積みたいんですか？

矢部　新刊台はね。仕掛けたい本は、仕掛け用の平台やそれこそワゴンとか、別に場所を用意しておいて、そちらに積みます。

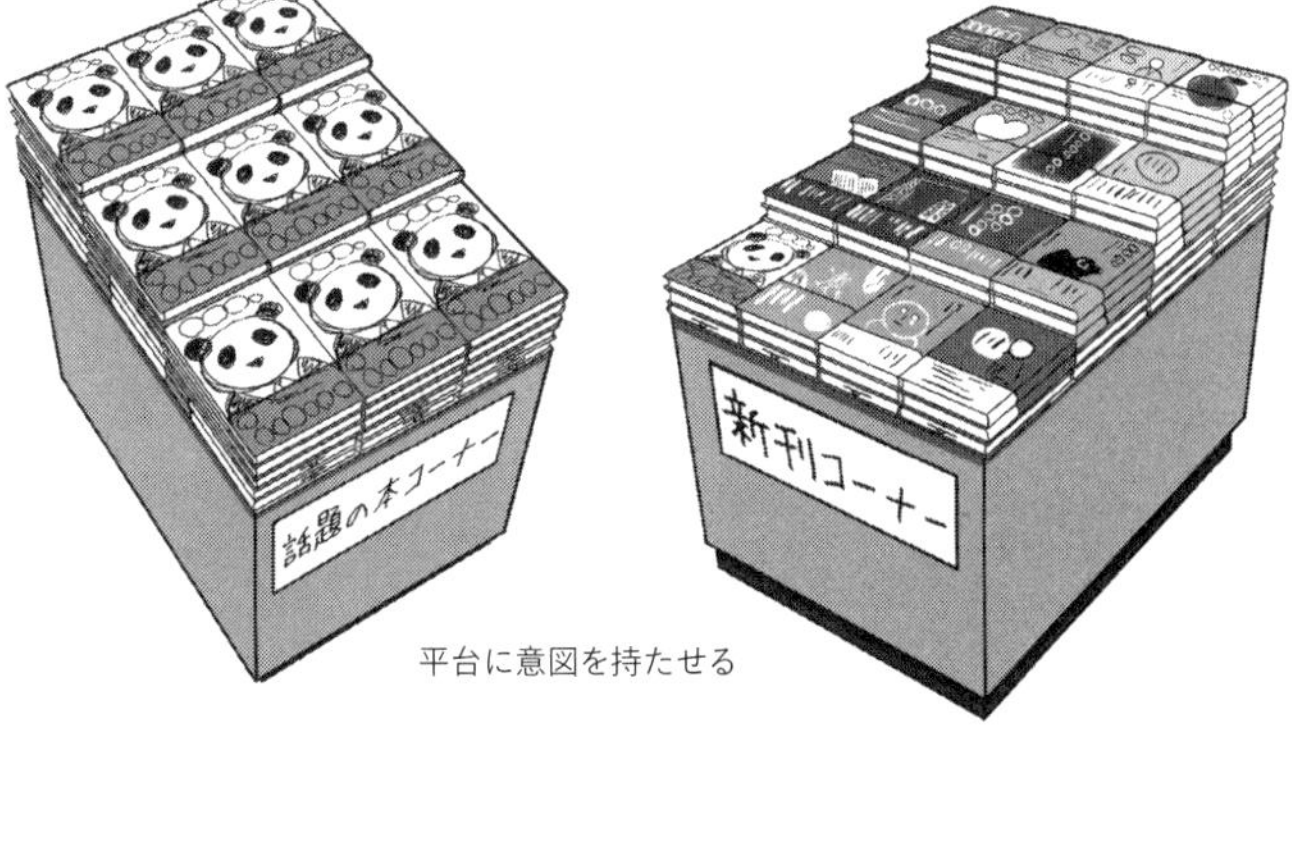

平台に意図を持たせる

――ワゴンに積むから何冊欲しいと。展開が先にあるんですね。

矢部　売れるから本をくれっていうだけではなくて、展開する場所や方法を提示して、こうやって100冊売るから100冊くださいって交渉する。拡材も、それなのでこの大きさが必要とかね。積み方や売り方込みで出版社さんと話をするわけね。

――新刊台とは異なる場所にそういう平台やワゴンを用意していくわけですか。

矢部　つまりね、それぞれの平台の性格付けをハッキリさせておきたいと思ってるのね。この店はこの平台Aにいつも今一番売りたい本を大量に積んでいて、あちらの平台Bには新刊をたくさん積んでいるとかね。そういう使い分けが誰の目からみても、わかりやすく、明らかなのがいいよね。それができていないと、お店の子もそうだけど、何よりお客さまを悩ませちゃう。本を探すのに時間がかかることになって、心のどこかで面倒くさいって思うようになるかもしれない。ウチの本屋は忙しいときはここだけ見ればいいようにしてあります、時間のあるときは奥まで入ってね、という具合にしたいと思うんですよね。

――急いでるときは今日出た新刊コーナーに積んであるものを見ればわかると。

矢部　そうそう。お時間のない方はこちらへ。

――平台に並べる本で、売場の性格をお客さまに伝えるわけですか？

矢部　そうです。そうしているうちに、だんだんとこの平台に積んである本は、売れてる本なんだという刷り込みをするわけですね。

――お客さまにですか？

矢部　はい。でも騙すわけじゃない（笑）。ホントに売れてるんだから。つまり、ここに積んであるものは間違いがないって思ってもらいたいわけ。見たことのない本かもしれないけど、これを買っておけば間違いないだろうとか、推してるものだから何かしら訴えるものがあるはずだ、ということを積んだ場所で伝えていく。要するに、平台のステータスを上げる方向に向かって作業すると。平台はじめ、店内のいろいろな場所に、それぞれ意味を持たせていくのが「売場作り」なんだと思います。

――ああ、目から鱗が落ちました。売場作りというと棚整理や仕掛け等一過性のことのように考えていたんですが、時間をかけてその場所に意味をもたせ、説明するわけでもなく、お客さまに伝えていくわけですね。そして無意識のうちに我々読者はその本屋さんで本を買っている。書店員さんにしてみたら当たり前のことかもしれませんが、いやはやビックリしました。そして言われてみれば思い当たるフシがいっぱいです。ちなみに新刊台というのは毎日積み替えをするんですよね？

矢部　もちろん。毎日同じ本が積んであったとしても、今日はここ、明日はここと場所は変えるものだと思います。とはいえ、新刊が満遍なく売れるわけではないから、実は平台最奥３列目はいつも同じ本がありがちになりますよね。それが気になってね。

――手を入れるの面倒ですもんね。

矢部　でもね、本屋っていうのは、毎日来る人向けだと思ってるからね。とすると、同じ場所にずっと同じ本はつまらないでしょ。

――あっ、そうなんですか?! 想定としては毎日来る人を常に頭の中に置いてるんですか?

矢部　だって新刊書店だもん。毎日新しい本が入ってくるわけでしょ。毎日、新聞広告に掲載される本も違うわけだし、それなのに新刊台が毎日変わらないということはないよね。八百屋さんだって並んでいるもの毎日変わってるでしょ。

――毎日何百点という新刊が出ていて、そのうちの何点かは必ずお店に入ってくるわけですもんね。

矢部　置く場所を変えて隣の本が変わると、古い本が新しい本に見えてくることもある。

――それはやっぱり、あるんですか。

矢部　ありますよね。周囲にある本が変わってきたときに、そうだ、こんな本もあったじゃんって見えるときもある。これを買った人はこれも買うだろうなという本が並んで、繋がっているように見えるときもある。そういうときは「惚れ惚れするな、今日の平台」って(笑)。

――思わず腕組みして眺めちゃう(笑)。新刊台は毎日来るものを並べながら変えていくんですね。新刊台が変われば、エンド台も変わり、棚前も変わる。そして棚も変わっていく。

矢部　そう。売場全体が毎日変わっていくし、変えていかなきゃならない。これね、昨日と今日で、とりあえず景色を変えるために場所を変えようってことじゃなくて、今日この新刊が入ってきたことで、自然と昨日と置く場所は変わるでしょってことね。自分の考え、意図をもって置こうとしたら、その日その日で新刊も、売上も、話題も変わっていってるんだから、当然置く場所は変わるはずってことです。

――例えば今だったら『漫画　君たちはどう生きるか』や『体幹リセットダイエット』が売れてますが、ちょっとベストセラーが多すぎて、話題書コーナーが足りないといったときはどうするのですか？

矢部　いろいろなタイミングはあるけれど、『体幹リセットダイエット』くらいになると、実はお店の一等地である話題書のコーナーに置かなくてもいいかなと思います。そのジャンルの平台にたくさん目立つように並べればいいんじゃないかなって。

――買いに来たお客さまが実用書売場に行くであろうと？

矢部　そうそう。お店の売上ランキングの棚って、話題書と同じくらい一等地にあると思うんだけど、それくらいの本になれば当然ランキングには入りますよね。で、お客さまにはそこで見てもらうことで、当店には在庫ありますよ！　ということをアピールすればいいのかなと。もちろんそこからも買っていただく。たくさん置いてあるところはどこなのかしらん、となったときには実用書売場に行ってくれるだろうと。そこに期待を裏切らない100冊があればいいわけで、お店の一番いいところに100冊ある必要がある本というのは、そういう本でなくてもいいと思います。

――えっ、そうなんですか。じゃあ何を並べるんですか？

矢部　売上を作っていくときに、そこにはすでに売れてる本ではなくて、これから売ろうとするものを置かないと間に合わないと思います。次に売れるものを置かないとね。

――一番売れている本ではなくて、ベストセラーになる一歩手前くらいの本を並べると？

矢部　そうしたいと思っていました。

――お客さまの無意識下にあるものということですかね。「流行ってるって聞いたかも」くらいの本を見つけて、「あ、これこれ！」というものが。「あれを買いに来た」と意識下にあるものは、お店の入口になくてもいい。

矢部　買いたいものが決まっていて、それを買いに来ているなら、その売場に行くことに迷いはないんじゃないかな。スーパーに大根を買いに来たのなら野菜売場にいくじゃない？　お店のいい場所には、そうじゃなくて、買いに来たわけではないけれど買いたくなっちゃうものを並べた方がいいと思います。ついこの間まで『漫画　君たちはどう生きるか』があった場所に今はこの本が置いてあるということは、次はこれなのか？　と、思ってもらったらいいなぁ。

――連綿と場所だけでなく時空として売場が繋がっていくわけですね。

矢部　この間のも良かったから、次はこれなのかな、と。すると、その人は次もそこを見るわけですよ。毎日来るからね、たぶん。

――すごい！　野球の野村監督みたいですね（笑）。カーブでボール球を投げた理由がちゃんとあるんですね。次のストレートで打ち取るために！

矢部　知りません（笑）。そうしていくと、この平台の性格もハッキリしてくるし、ステータスも上がる。大量入荷品置き場から、次の話題書を育てる場へ。

――いやあ、恐ろしい。ただいっぱい来たものを置く場所にしがちですよね。

矢部　同じことだと思っている人もいる（笑）。

――それは矢部さんが郊外の小さなお店にいたときもそういう意識だったんですか？　こんな小さな店、毎日来る人いないしなって考え方を変えるんですか？

矢部　いや、どんな店でも毎日来る人がいるという想定でやってました。実際、そういう郊外のお店ほど毎日来てくれる人が多いんじゃないかな。そうして毎日来る人を増やすっていう考えで売場を作ります。

――あっ、そうか。それが増えれば鬼に金棒ですもんね。

矢部　そうそう。

――毎日来る人を増やすためには、毎日売場が変わってなきゃいけない。

矢部　昨日も今日も同じだったら明日は来てくれないかもしれません。

――はい。

矢部　これだけ本があるのにこの店はいつ来ても同じものしかないなって思われたらお店は終わりですね。

――確かにそういうお店には足が向かなくなります。

矢部　ですよね。そうじゃなくて、何かあるかもって思って、毎日来てもらえる売場にしたいですよね。

売れる場所を探していく

――そうしたら書店員の仕事として一番比重が高いのは新刊を出すことなんですね。

矢部　当然ですね。

——次が補充品？

矢部　そう、補充品。なかでも大量に入荷したものね。

——あっ、そうか。

矢部　まず新刊と補充品とがあって、なおかつ部数の大小がある。新刊でなおかつ大部数のものが最優先ね。

——「大好きな○○の新刊から早く並べなくちゃ。ＰＯＰも書こうかな」なんてのは……。

矢部　そんなことしないでしょ、普通（笑）。売場作りがきちんとできていたらＰＯＰは正直書かなくたっていいんだから。

——まず、並べる。

矢部　新刊で大部数のあとは、補充品で大部数のものですね。

——あ、そっちなんですか。

矢部　そりゃ新刊は出すけれども、だけど例えば村上春樹の追加がやっと２００冊入ってきました！っていったら当然そっちを優先に出さないと。

——お客さまが最も必要としているものを注文しているんですものね。

矢部　売上も読めてるし。で、次が少部数の新刊で、最後に少部数の補充品という順に出していきます。

——それと同時に抜く作業もするんですよね？

矢部　出すためには必ず今並んでいる何かを外す必要がありますね。でも、外したものを今度はどこに置くかはひとまず保留して、優先順位の高いものから、それぞれのベストな場所にベストな量を並べていく。それにね、新刊って入荷して初めて見るわけでしょ。事前に注文したときのイメージと違っていたりすることも、ままある。こんなに薄い本だったんだとか、こんなに変型なんだとか、逆に装丁見たら売れそうじゃないの！　とか。

——事前の評判はすごかったけど、実はたいした本じゃなかったなみたいなこととか？

矢部　たいした本じゃなかったなんて言ってはいけません（笑）。でも、事前に出版社さんに注文を出したときはこの場所で展開するって言ったけど、現物を見たら「これは……」と思うものも、やはりありますね。あとは、その日一番の新刊から順に、どれだけ早く、やり直しすることなく、効果的な陳列をし終わるかってところですね。

——一番売れるものを？

矢部　100冊来たのを100冊一ヶ所に出すっていうのなら簡単なんだけど、例えば村上春樹なんか1600冊来たりするからね（笑）。

——どこに出すんだよってなりますよね。

矢部　いや、そうじゃなくてね、とくにそんな大部数の場合は、注文したときにもうどこにどうやって出すか決めてあるわけ。この場合だったら壁全体を春樹にしようってね。面で3冊ずつだとして何面で全体になるのか計算して、ここには大きなポスターを用意するとか考えると、一面全部埋めるのに1000冊必要だって考えられる。でも、ここから本を取って買う人は少ないだろうから、こっちに平台を3つ用意して500冊使うと、じゃあ最初から1600冊発注しておこうか？　とかね。

――並べるところまで考えて注文を出すっておっしゃってましたもんね。

矢部　そうです。

――例えばその初回で注文した数というのは、どれくらいの期間で売り切れるという判断をしているんですか？

矢部　うーん、難しい質問だ（笑）。売り切れを予想して注文するわけじゃない。ひとつには、いったんは平台に積んで試せる量かな。いつ売り切れるかって、そんな予想が立つ本なら補充はどうなるのかを先に聞きたい。

――そうやって注文を出されているのかと思っていました……。

矢部　だいたい予想が外れた方が楽しいよ（笑）。ひとつの考え方としては、出版社の刷り部数の1％とか0.5％っていう目安はあったかもしれないけど、そのお店ごとで考え方も違うと思うし、もちろん規模によっても違いますよね。郊外の店舗だったら、最初は棚下の平台に一ヶ所積める量があればいいかなって思うしね。

――お店によって注文の仕方が違うわけですね。

矢部　郊外のお店だったりすると、そもそもそれだけの量は来ないし、世の中で売れ始めてから発注してもまだ間に合ったりする。店舗によって注文の仕方が違うというより、注文するタイミングとか考え方を変えざるを得ないってことかな。そういえば、以前下にいた子で、ヘンなことするなって思ったことがあってね。平台の商品が1冊売れるたびに、1冊補充注文してるのよ。5冊積んであったのが売れて4冊になったら、1冊補充してまた5冊にしてるわけ。それって無駄でしょって言ったの。

――はい。

矢部　でもその子は「そうしないと平台がどんどん低くなります」って言うわけですよ。そら、そうですよ（笑）。そうしたらいつも1冊ずつ注文してるの？　って聞いたらそうだって言うわけ。在庫が20冊あって、1日に1冊売れたら1冊、2冊売れたら2冊って注文してるので、じゃあ在庫が20冊から減らないの？　だったらそれいつ返すの？　って聞いたら「それは返したくなったときにします」って。じゃあその時に20冊返品するの？　って聞き返したら、そうですって言うから、えぇーっ！　て。

――出版社も困りますよね。売れてるのかと思ったらどかーんと返品来て。

矢部　ね。5冊積める平台だったら常に5冊あるようにしておくのがお客さまに対する親切だと思いますって言ってました。あれは衝撃的だった。そもそも注文の出し方って入社して棚担当になったら最初に教わることだったよね。この1冊の注文を出すか出さないかって責任重大だ！　ってすごく悩むし、先輩も教える。毎日、注文部数を記入したスリップを持って来いって言われて点検される。これはもっと出せ、これはあそこにまだ積んであるから出さないでいいとかね。スリップを使っているときは、注文って公なものだったんだけど、今は事務所のパソコン画面で注文するでしょ。あれってすごく個人的な作業になってるんだと思います。まさか後ろに立って見てるわけにいかないし、一度ポチッとされちゃうともう止まらない。点検できない。その子は、画面開いちゃったら、売れた分注文出しちゃった方が楽だったんじゃないかな。考えたら返品率も上げてたよね（笑）。

――あー僕もアルバイトしていたときに注文短冊よく確認されてましたよ。それストックにまだあるでしょ！　とか。

矢部　そうそう、あれ見るの好きだった（笑）。

――でもその売れた分必ず補充するやり方だと売行きもよくわからなくなっちゃいませんかね？

矢部　そうなのよ。5冊積んであるのが、日に日に4になり3になりって動いていくのを見て、ああ毎日1冊ずつ動く本なんだな、じゃあ次は10冊頼もうかって判断をするわけでしょ。それでその10冊が8冊売れていけば、ということは、場所を変えればもっと売れるのかなって思って、次は50冊かなって考える。いつも5冊積んでたら外す本の判断がとっさにつかないしね。まあその子はしょっちゅうPOSで確認してましたけど。

――でもそれも時間がかかりますよね。

矢部　POSもいいけど、売場を見てすぐわかったほうが楽ですよね。一目瞭然だもの。過去の売上データにすべて委ねてると、意外なことのない売場になっちゃう気がするし、おもしろくないんじゃないだろうか。

――今日お話を伺っていると、日々、取捨選択していくというのが書店員さんの仕事ですもんね。決断していく。

矢部　その取捨をするのに過去の売行きもそうなんだけど、例えば来週から映画が始まるとか、書評に出るかもしれないとか、いろんな要素もあるよね。雑談してて、どこかの書店が仕掛けて売れてるらしいよって話を小耳に挟むとか。そうしたら今の在庫15冊じゃ心もとないなとかって判断が出てくるじゃない。

――今だったらネットやSNSを見たり。

矢部　そうやって今、現在の売行きだけじゃない要素も加味しないといけないからいつもあちこち見まわして、売場の他のジャンルの子と話したり。雑談、本の話じゃなかったとしても、その中で発見することもいっぱいありますよね。

――その取捨の判断を早くするために、自分の中でルールを作っていくみたいな感じなんですか。

矢部　まあ勘って言えば勘だけどね。ＰＯＳだって結局、後追いでしかないわけじゃない？

――そうですね。

矢部　今までこうだったというだけであって、それでも置くのか返すのかってその最終的なジャッジは人間がやるんだし、それを一日１００点入ってくるんだったら１００回判断しなきゃいけないわけだから、そのときに機械に頼っていられるかなと。判断も数をこなしていれば自分の中に蓄積されてくるものがあるし、一からすべてＰＯＳに判断を委ねるっていうのはないよね。最後に棚の１冊を抜くかどうか迷ってＰＯＳを確認することはあるかもしれないけど。

――売るってことは並べるってことであり、並べるってことは外すってことなんですね。面白いなあ。

矢部　これまで話したことなんて、みんなやってることだと思います。早く片付けたいと思えば、当然大部数から手をつけますよね。それとね、実は単品ってそれほど興味がないんです。この本をこうやって売り伸ばそう！　とか、掘り起こしてみんなで１０００冊売ろう！　とかね。否定するものではないけれど、まあハプニングって感じかな。

――ベースの売上ではない感じですか。

矢部　そりゃあ、売ったら出版社さんは喜ぶと思うし、書店側も報告書に今月はこれが当たって50万円でしたとか書きやすいですよね。でも、それって次の一発屋を探すだけの話で、平台に次に載せるものとの脈絡はないわけじゃない？　新刊なら新刊って繋がりはありますよ。でも既刊でそれはなんで？　って思います。前のも面白かったから次のも面白いのかなってあるかも知れないけど、それは棚下でもいいかなって。単品で1000冊、2000冊とかいうとインパクトがあるし、それだけ売ったってその子が思えば、その後の力になるかもしれないけど。

――でも本屋さんの技術としては……。

矢部　極端なこと言えば、仕掛けて売るって今日入った子でもできると思います。「何年も前から名著だと思っている」とか「困ったときに力づけられた」とか、熱いPOPを書いて大量に積めば、そうかなって思われて、場所さえ良ければちゃんと売れる。でもそれは正直言ってタイミングと熱と場所の力があればできちゃうんじゃないかしら。マイナスじゃないけど、そんなに面白いことではないんじゃないかなと思いますね。

――じゃあ、矢部さんが思う本屋の面白いことって、やっぱりこの日々の品出しですか？

矢部　そうです！

――毎日の取捨選択？

矢部　本の一生みたいなものを見届けたいなって思っててね。この場所ではダメだったけど、棚前だったら実力発揮っていう本もあるわけでしょ。この平台は一日にどれくらい売れないとダメですかって聞いてくれる出版社の営業マンもいるけど、それだけでもない。どれだけ売れるかっていうのは、もちろん売れたほうがいいんだけど、結局、今のこのお店がここにこの本をこれだけ置くってことで、何かを象徴したいわけです。だからそういう力を持ってる本であればいいわけね。それをワタシが知らなくても、教えてもらえば、じゃあそれやろうかっていう風になりますから。そういう本と出会っていくのは楽しいよね。

――そこで日の目を見て売れていったり。

矢部　実はこういう実力があったのかとか、ロングに育った本だったんだとかね。逆に新刊台でしか売れなかった本もある。そういう売行きが変わったりっていうのが楽しいですね。やったことないけど子育てみたい（笑）。

――そういうことはあるんですか。

矢部　あるある。

――置かれた場所で咲きなさい、ではなくて、咲く場所に置きなさいってことなんですね。

矢部　そう！　いいこと言うなぁ。

――そういう置き場所の見極めというのは、どれくらいのスピードでやってらしたんですか？

矢部　商品が来るごとに悩むんだけど、時間的には即決です。

――そのとき考えるのが面倒くさくて、在庫の少ないものを外しちゃったりして……。

矢部　そんなことはしません。それは売れてるから減ってるわけで、本来は追加注文をしないといけない本ですね。

——ああ、最後の1冊になってる、よかったなあ、これを棚に差して、ここに新刊を置こうって。

矢部　それをやっていると売れない本ばかりが並んだ平台になっちゃいます。

新刊が書店に届くまで

小林泰大
（こばやしやすひろ）

2010年2月、大学生アルバイトとして三省堂書店船橋店に入社。カウンター（レジ・問い合わせ・客注）業務のほか雑誌抜き取り、返品の荷造り、棚整理など棚担当を持たない遅番特有の業務をこなす。その傍ら、独自に出版流通や決済手段の仕組みを調べ、店頭掲示物や内部マニュアルの作成に携わる。Twitter担当YKとしてユルいツイートを乱発、フォロワーを通算2000名以上増やす。2013年2月、大学卒業に伴い辞職。現在都内でしがないエンジニア職。

書籍や雑誌（以後ひっくるめて出版物といいます）が読者に届くまでの間には、主に次の関係者が携わっています。出版物を企画・製造する「出版社」、それを全国の小売店に流通させる「販売会社」、そして読者に小売りする「書店」です。現場では出版社のことを「版元」、販売会社のことを「取次」と呼ぶことが多いので、本項ではそれに倣います。

本論に入る前に取引関係について整理しておきます。ほとんどの書店は一社以上の取次と仕入れ契約を結び（取引口座を開くといいます）、出版物を仕入れています。取次にはオールジャンル対応の総合取次（日販、トーハン、楽天ブックスネットワーク＝旧大阪屋栗田など）と分野特化型の専門取次（教育用図書の日教販、学術書の鍬谷《くわたに》書店ほか多数）があり、それぞれの強みを活かせるよう組み合わせて利用している書店もあります。同様に、版元と取次の間にも仕入れ契約があります。

では版元、取次、書店それぞれの役割について触れながら、新刊書籍の流通について見ていきます。

版元は新刊が出来上がるおおよそ一週間前になると、その新刊の見本、事前に書店から集めた注文データ、販売計画を持って取次の仕入れ窓口を訪れます。これを見本出しといいます。ここで取次は、版元が希望する仕入れ部数のほか類書の販売実績などを参考に、仕入れる部数を調整します。出来上がった新刊を取次に納品する「搬入日」はこのとき決まります。搬入日が決まることで印刷・製本から納品までのスケジュールも決まるため、版元にとって重要なイベントです。

続いて取次は配本計画を策定します。配本とは仕入れた本を全国の取引先書店に配る（出荷する）ことで、転じて配る部数を決める作業を指すこともあります。取次は、店舗ごとの類書の販売・返品実績、新刊のジャンルと店の特性（立地や客層）などから、店舗ごとに何冊配本するかを決めていきます。見本出しで版元が提出した事前注文データもここで活用されます。こうして銘柄ごとに配本計画が策定されていきます。

搬入日になると、版元は取次物流センターの搬入窓口に新刊を納品します。センターでは新刊をラインに載せ、配本計画に基づいて書店ごとの出荷口に並べていきます。納品の一部は、後の注文用、客注用のためセンターに在庫されることもあります。仕分けられた新刊は、ほかの新刊とともに出荷単位（紐掛け梱包、段ボール、折り畳みコンテナなど）にまとめられます。最後に各書店の宛名紙と納品伝票がつけられて、運送会社に引き渡されます。

荷物を受けた運送会社はルートに従って書店を回り、梱包を降ろしていきます。こうして書店員の手元にまで新刊が届きます。開梱、陳列などこれ以降の流れは本編に譲ります。

次に新刊流通におけるお金の流れを見ていきましょう。運送代金などを除き、新刊そのものにかかる代金は版元、取次、書店の三者でやりとりされます。

まず版元が搬入窓口に商品を納品したとき、取次は版元に対し、仕入れ単価に取次の仕入れ部数をかけた金額を支払います。同様に、取次が書店に商品を納品したとき、書店は取次に対し、仕入れ単価に配本部数をかけた金額を支払います。実際の支払いは締め日を決めて行われており、取次・書店間では月1回締めで翌月の規定日払いという契約になっているケースが多いようです。

仕入れ単価は各銘柄の本体価格に一定の割合をかけて決まり、その割合を掛け率とか掛け、あるいは正味《しょうみ》と言います。取次は版元からの仕入れ時と、書店への出荷時に適用する正味に差をつけており、この差によって取次に利益が生じます。前者を入り正味、後者を出し正味と呼ぶこともあります。いずれの正味も、大部分の出版物に関しては取次との取引契約を締結する際に個社ごとに決められており、責任販売制など特別な条件がついている銘柄でない限り銘柄ごとに決まるケースはまれです。

ここで注目したいのは、「委託制度」(後述)が敷かれているにもかかわらず、実売によらず納品された部数で代金が決済される点です。これは厳密な意味での委託販売にはあたらず、単なる売買取引に過ぎません(通常の委託販売では、実売があって初めて委託者と受託者の間で金銭のやりとりが発生します)。他の業界とは大きく異なる商慣習であり、会話する場面によっては注意が必要です。

第2講

昨日売れたものを注文する

- 発注
- 追加注文
- 平台を耕す
- 売行きの判断
- 営業マンとのコミュニケーション
- 棚下の平台
- 信頼関係

すべては注文からはじまる

――本日はまず重点的に発注のことを伺おうと思ってまして。

矢部　はいはい。

――基本的に書店というのは何もしなくても、何かしら本は毎日届くわけですよね。委託分や自動発注の補充品や常備など。

矢部　来ますね。

――で、それを捌いていればひとまずお店というのはできないわけではない？

矢部　そうね、できないことはないですね。それがどんな店なのか想像すると、ちょっと気持ちが塞ぐけどね。

――あんまり行きたくはないですね。

矢部　最初に人が入ってきて教えるのは、この間も言ったように、棚にはどんな商品が入っているかという話をします。で、その時に、本には既刊と新刊があって、既刊って言うのは、常備品とか注文扱いで入ってるのとか、実は条件が色々あるって話をするでしょ。

――はい。

矢部　新刊は、配本という仕組みがあるから黙っていてもある程度は入荷する。既刊は基本的には自分が注文しなければ入ってこない。えーっと自動的に補充品が入ってくる自動発注というのもあるけど、とりあえずそれは今は置いておいて。ま、あまり語りたくないし（笑）。で、その売れた既刊が常備品だったら、それは注文しないといけない。

――そうですね。

矢部　今、常備セットはあまり入れてないかもしれないけど、常備カードが入っていて、常備という条件でお店に並んでいる本は、陳列するという契約があるから注文します。

――はい。

矢部　で、新刊はいちおう入荷する。そして、既刊は自動発注で少し、それに常備品を注文したりでちょっと入る。でも、これだけで棚が埋まるかっていうと埋まらないし、売れる棚にできるかっていうと難しいわけで、どれだけ売れるもの、売りたいものを日々注文するかっていうことがこれからあなたの仕事ですみたいな話をしますね。で、それは昨日売れたものを今日発注するみたいな単純作業はあるにはあるけど、本当にそれだけでいいのかっていうのを、毎日いろんな材料を吟味して検討していく必要があるわけですね。これから大きな山が来る本だろうからもっと注文しないと！とか、いやいやこれはそろそろ終息気味なので部数は抑えてとか。実際に売上を作る大きな仕事です。

――今後の売行きを予想し判断していくわけですね。お店に在庫がある以上に売れるのか、売れないのかと。

矢部　例えば、今日10冊納品があって、昨日50冊売れてたら40冊分は注文しなくちゃいけない、みたいなことになるわけじゃない。競合や環境の変化とかきちんと見て、棚の見直しをしていかないといけないってことはもちろんあるけど、それはそれとして、今、あと40冊分をどうするってことですね。そこに見合った分量をまずは揃えて、なおかつ売れる棚、売りたい棚にするっていうことをしないとね。

――はい。

矢部　まず昨日売れたものを今日注文するっていうのが原則としてあって、でも本当は気がついてないだけでもっと売れる本があるかもしれない。自分が知っている本だけが売れる本なわけではないしね。だから、他のお店を見に行け、耳を澄まして情報を仕入れてって言ってました。

――自分のお店に届く本だけが、本ではないですものね。

矢部　その通り。で、話はそこまでしておいて、実作業としては今はハンディターミナルを見るのかな、ワタシの頃はスリップだったからそれを持たせてね。

――これが昨日売れた分の本ですよっていうことで？

矢部　そうそう。そのスリップの束を持たせて、これに注文したい数を入れて持って来てと言いました。で、必ず棚に行って在庫を見て、本籍地の棚に1冊差してって。あと5冊あるはずの在庫は、店頭に出ている5冊なのか、倉庫にある5冊なのかとか、最後の1冊ならそれはちゃんと商品として売れる状態なのか、破れたり汚れたりしていないかとかよく見てきてって。

——はい。

矢部 その上で、注文するかしないか、何冊注文するか判断してみてと。

——でも毎日仕事に追われていると50冊新たに入ってきて、50冊その日売れていたら、ああ、超ラッキーって思いますよね？（笑）

矢部 あー、思うんだ？

——えっ、思わないですか？ だって50冊空いたところに50冊入ってきたら、ああ、今日の仕事終わったなみたいな気持ちになっちゃうじゃないですか。

矢部 あるとき新人の子に言われました。「これだけ新刊が入ってきてるんだから、昨日売れた分の半分ぐらい注文出しとけばいいんじゃないですか」って（笑）。

——本来は50冊売れたなら、それだけ欲しい人がいて売れたってことなんだから改めて発注して、50冊売れてないものを抜かなきゃいけない？

矢部 そういうこと。そもそも売れないものは抜かないとダメですね。ただ、売れた本の中には、数年かかってやっと売れましたっていう本もあるかもしれない。あるいは来月、新版が出るっていうのを知っているとか、常備セットが来月入荷するとか。

――それは注文しないでいいと。

矢部　そう。だけど、基本は昨日売れたものは今日発注するというのが原則なのね。今、売れたものを大事にするっていうか、それを買った人がいるってことは次もいるかもしれない、そういう可能性を捨てることに意味はない。実は昨日ブームは終わっていたとかそういうことはあるかもしれないけど、でも、あなたが注文を止めるのはまだ早いと。そこはとりあえず注文してって言いました。

――はい。

矢部　でも得てして発注しないよ、みんな。

――そんな気がしてました(笑)。でもそうしたら、やっぱり売上っていうのは落ちるんでしょうか。

矢部　落ちるでしょうね。

――お店には売れてない本ばかりになるわけですもんね。

矢部　そう！　だってさ、今までお店で一度も売れたことのない棚がこちらですってことになるわけでしょ？　新刊はありますよ、新刊はあるんだけど……。

――売れ残りの中にちょろっと新刊が混じってるだけで……。

矢部　平台もね、低くなっているのは、当たり前ですけど売れている本ですよね。例えば、30点10冊ずつ積んでる新刊台があって、1点だけ2冊になってたとするでしょ。そしたら8冊売れで、30点中1位の売上のはずなのに、次に新刊が来たら2冊になったその本を外すわけよ。30点のなかで、いつも売上1位の本だけが外されることになったりして。

――恐ろしいですね。

矢部　少ない本を外すんじゃなくて、売れていない本を外さないと。

――その人たちにしたら楽なんでしょうね。2冊の本を棚に差して、平台に新しく来た本を並べるほうが。でもそれをやっていたら売上はどんどん下がっていくわけで、そんな人たちにはその手間をどうやって惜しませないようにすればいいんでしょうか?

矢部　どうしたらいいんだろう（笑）。本当はその手間が楽しいんだけどね。その手間の向こうに楽しい売上と明るい未来が待っていると思えば！　教える側も妥協せずきちんと一緒にやらないとね。しかし、そもそも本屋というのは何をするのが仕事なのかっていうことがね（笑）。

――大前提として本を売るところだっていう。お店、なんですよと。

矢部　そうそう。そこに立ち返れば、最優先すべき仕事は自ずとわかってくるはずなんですよね。決まった大きさの中で、できるだけたくさんの本を売るためにはどうしたらいいかと。

売れる前に追加注文を出す

――そうすると最初の作業は、品出しですよね。それとともに棚から本を抜いたり平台から本を外すこと。外さなきゃ届いた本は並べられないんですから。

矢部 どれを外すかということに頭を使います。それを面倒と思うと、パターン配本通りの強弱そのままの本屋になっちゃう。実は各書店があまり注文しなかった本とか、いい本かもしれないけども自分の店には合わないっていう本も、単純な刷り部数や配本の論理で届いちゃう。

――仕入れにも意思がまったくなくなってしまう。

矢部 配本で入ってきた本を置くことは悪いことじゃないけど、置くときはよく考えて置かないとね。平台にしても、まず、これをどの平台にどれくらい積むかどうかっていう判断がありますよね。今、厳選した平台の30点をひっくり返してまで置くべきか。新たに来たから絶対そこに置かなきゃいけないわけじゃない。

――本来だったら10冊入ってきて1冊も売れてないのを外せばいいんだけど。

矢部 でもそれを見るには、データを見なければならないし、奥にある10冊の本を動かすには平台を全面的に積み直す必要がある。そうすると最前列を外すほうがずっと楽だから、概してそちらに流れがちですね。

――売れてる本がどんどん平台から外れていってしまって、こちらも結局売れ残りの平台になってしまうんですね。

矢部　30点積める平台があって、今日ここに平積みしようと思う本が3点あったら、3点外す必要がありますよね。で、3点外したら、外したところにその3点を並べて終わりってことじゃない。より売れるようにするためには、隣や前後の本との関連から並べ替えないとね。もしかしたら平台30点全部並べ替えた方がいい場合もある。その3点が来たことで、残した27点も更に売れるようになるかもって。

――ああ、外したところに置くだけでなく、面全部が変わってくるわけですね。

矢部　そうですそうです。平台というのは面でできているわけだから、面で表現しないといけません。平台の前に立ったお客さまの視界に入る世界を考える。だから新しい本が1点でも入ってきたら、全部並べ直した方が、より売れる平台になるかも知れない。でも外したところにそのまま置いちゃう人もいる。

――そうするとミステリーの隣に時代小説があり、そのまた隣にミステリーがあったり、同じ著者なのにちょっと離れてしまったり、首を傾げる平台になってしまうわけですね。

矢部　そうそう。どんどん適当な平台になっていっちゃいますね。しかもそこへ2冊になっていた売行きのいい本の追加がやっと10冊届いたりして、それも積みたいと。

――また平台を替えなきゃいけなくなるわけですね。

矢部　書店員の仕事というのはこれが毎日続くわけですね。それを面倒と思う人は、だんだん追加注文を出さなくなっちゃいますね。

――矢部さんの中では、追加注文を出す出さないの基準ってあるんですか？　何日間で何冊売れたらとか何割減ったかとか。

矢部　それはお店の持つ力がそれぞれ違うから一概には言えないけど、初日とか2日目にパパッと売れたら、入ってきた以上の数の注文はしてましたね。もっと売れるかもしれないぞってわくわくしながら。

――じゃあ5冊入ってきて、1日目に2冊、2日目に1冊売れたなんて本は、5冊以上の注文を出します？

矢部　そりゃ出しますよ。もう10冊とか20冊とか出すね。初回配本って、つまりは見本なわけじゃない？　だから本当のベストなかたちでいえば、それが売れないうちに追加を出すかどうか決めたい。

――新刊の箱を開けた時に追加注文を出すみたいな？

矢部　そうそう。仕入れに行って、朝検品して、新刊を開梱して、で、1冊しか入って来てないけど売れそうっていう本はその場で電話しちゃう。

――出版社に？

矢部　取次か出版社へ。

――1冊も売れてないんですよね？

矢部　それはもう判断ですよね。売れる、足りないって。新刊案内とかで気づいていれば当然事前に注文しているんだけど、案内のない本もいっぱいあるわけで、それはその実際に配本で見た瞬間に判断しないと遅いよね。

――新刊に関しては一番の判断は営業マンの案内やダイレクトメール、ＦＡＸで届く注文書で、次に入荷してきたときにもう一回判断するわけですね？

矢部　装丁も含めてそこで判断できるわけじゃない？　案内されたときにはピンと来なかったけど思ったよりいい本だなとか。そうしたら改めて注文しますよね。それに、平台に置いた途端に動いたら、いやもう当然だけどすぐ追加注文する。

――それは毎日、出社したら昨日どれが売れてとスリップでも見るんですか？

矢部　棚担当なら、自分の平台を見れば、昨日の今日で何冊減っているかすぐ気づくでしょ。そのためにも平台の積み方にお約束作ってるんだから。おっ、3冊も売れてると思ったらすぐ注文します。そういう追加の注文をこまめにしていかないと、結局売れてない本ばかりが並んでいる本屋さんになっちゃいますよね。

発注する数字に意思をもつ

――売上ってやっぱり作っていくものなんですね。

矢部　そうです。じゃないとつまらない。あとね、新刊でせっかく大量に入ってきたときに、まわりの本の高さに合わせて積んで、残りをストックに入れたりする人がいるんですよね。せっかく100冊売れると思って100冊取ってるんだから100冊全部を売場に出しなさいというのはよく言いました。

――でも積む場所が……とか言ってきたりしませんか？

矢部　そう。ここ50冊しか積めませんってなると、残りの50冊をしまっちゃうんだよね。ストックっていうのも大変なもので、面倒なものはみんなここに入れちゃう（笑）。

――えーっと僕も書店員だったらそうしちゃいそうなんですが、その場合は50冊しか積めないんですって言ったら、あそことあそこに20冊と30冊で積んで来いって話なんですか？

矢部　お店それぞれの力もルールもあるとは思うけど、例えば20冊だとして、発注するときにだいたい見当はつけてますよね。新刊台に15冊、棚下に4冊、棚差しに1冊くらいのところで、まあ20冊って注文してる。あるいは棚下だけでいいとなれば10冊くらいかなって。もっと売れそうだし売るぞ！となって、平台に多面で積もうとすれば、この間の平台の性格付けの話でもあるんだけど、4点を4面ずつ展開する平台があったとして4面が必要なわけじゃない。それと棚下で、合わせて50冊っていう数字になるわけですね。

――本来は発注時点で数があるわけで、100冊注文するなら100冊積む場所を考えたうえで発注しないといけないってことですか？

矢部　そうそう。発注する数字に意思はある。それだけ入れるからには自分の、こう置こうって意図はないといけないでしょ。ま、そもそも全点に意図はないといけないけど。

――それって例えば店頭ワゴンに東野圭吾の新刊を積もうと思って60冊注文して、でもすっかり忘れて同じ頃に出る本でまたワゴン用に本を注文しそうだから、重複しないようにとメモでも取っておくんですか？

矢部　ワタシは控えを取っておきました。営業マンからもう1枚注文書をもらって、注文した数字を書いておいて、実際に本が入ると消し込んでた。さすがに、大部数の注文をダブらせるってことはないし、仮にそんなことがあっても入ってこないんじゃないだろうか。出版社さんもチェックしてるだろうし。ワゴンに積みたい本が同時に何点も入荷するなんてことも実はそんなにない。あったら嬉しいなぁ、お祭りだ（笑）。実際にはある程度時間差はあるものよ。1日とか2日とか、午前とか午後とか。そうすると売れる売れない判断っていうのは多少もうちょっと確実にできてきますよね。

――えっ、それくらいのスパンでも判断していけるんですか？

矢部　それはそれぞれのお店の感覚があると思うけどね。何よりも、ストックする、仕舞っちゃうってことがもったいないと思ってました。

――新刊の初回注文っていうのは、やっぱり自分の展開場所、売れる本だからあそことあそこでやるのに何冊いるかっていう感覚で発注するわけですよね。例えばですよ、東野圭吾の新刊が出る。前回の新刊が100冊。その100冊っていうのが2ヶ月かけて売ってる100冊だとするじゃないですか。そういう場合って、初回のオーダーをもし指定注文でつけるとしたら、どこまでつけるものなんですか？

矢部　まずその新刊の商品力で判断が必要ですよね。

――人気シリーズであるとか？

矢部　あと出版社の販促の計画がここまで決まってますとか。映像化されるとかも。それから、１００冊注文して並べるにしても、10冊は棚と棚下、20冊は新刊台1面、70冊を平台にまとめて7面出そうとか決めるでしょ。もしかしたらその7面が文芸書売場の中のよいところにあればいいだけであって、店舗全体の一等地になくてもいいって場合もある。シリーズ10作目だとするとここでいいかなとか。

――注文時点でそこまで考えないといけないわけですね。ただその著者の前作をデータで見るだけでなく。もし書き下ろしで新しい何かだったら？

矢部　やっぱり目立つところに置かないと。で、その前に１００冊売れたときの速さと展開の仕方ね。さっき言ってたみたいに2ヶ月で１００冊売れたとして、どういう展開でその結果だったのか、今度はこういう展開にすることでもっと売るので、注文もいつも以上に出すとか。あるいは出版社から「在庫は持ってますから」みたいに言われたら、ストックしないで済む冊数だけお願いするとか。売れれば出版社もすぐに重版を決めるから、初日の売上を報告しがてら、「あと30冊ください」とか追加注文したり。または、目立つところに並べることで、売上を乗せようとお願いする注文もありますよね。営業マンが来て、話を聞いて、彼の熱が伝わると、最初は20冊くらいでいいかなって思っていたのが、「じゃあこっちでやる？」みたいなことになって80冊注文するなんてことはよくありました。

―― 20冊しか売れないものが、それで80冊になるかもしれないと？

矢部 新評論から出た『食べる？　食品セシウム測定データ745』という本があったのね。造りがポップで、A4変型の正方形みたいな判型で、ちょっと束を出している本だったんだけど、よく知っている営業の人が来て、「矢部さんやってみる？」って言われて。でも本当に専門書だし、中身はきちんと堅い内容でどうかなと思いつつ、でもみんなが気になってる頃だったから、いよいよーってお店の一番前に4面で積んでみたら、ワタシとしては思いのほかすごく売れたのね。そんなこともあるんだよね。本自体もよかっただろうけれど、場所が売上を作るっていうか。

―― それもそのときそのときで判断していくわけですね。

矢部 出版社の人からよくよく話を聞いて、初めていろんなことに気付く。いろいろなルールを作って本を置くんだけど、予定外も必要と。ルールがあるからこそ予定外が響いて、予想外の売行きに育つこともあると思います。

―― 売場に意外性が生まれるんですね。

矢部 そうやって売場を育てながら本を売るのが、そして予想を上回って本が売れていくところに立ち会えるのが楽しいよね。

―― まさに棚や平台を耕してる感じですね。

その積み重ねがあって本が届くようになる

矢部　毎日忙しくて売場全体に目配りができなくなると、当然のことですけど、売上もロスが出てくるようになります。例えば、動きはゆっくりだけれども確実に売れていて、ずっと積んでおきたい本もあるでしょ。文芸書などは売れる売れないという基準でいいかもしれないけれど、専門書はまたちょっと違う。その本が積んであることの安心感みたいなものとか。そういう本は、短期的な売上で判断するのではない目のかけかたをして、積み続けないとね。

——お店の信頼感を作る本ですね。

矢部　そうそう。ここは難しい。本来は棚下でいつも同じだけ売れているっていうのが一番ありがたいわけです。手間がかからないんだもん。

——毎週3冊ずつ売れて、3冊ずつ注文を出せばいいみたいな。

矢部　そう。それはつまりロングセラーなんだけど、残念なことに担当が代わると消えちゃうことがある。

——この本は絶対に必要っていうのがわかってない？

矢部　わかってないというよりは、この本いつまでもあるじゃん、みたいな感じで売り飽きちゃって、それでなくなっちゃう。たしかに売行きのスピードがほかの本に比べて格別いいっていうわけでもないからね。

――野球でいったら8番バッターくらいで、本当はコツコツ打ってるのに。

矢部　それでもう30年やってますみたいな本なのに(笑)。

――たまに新人が来て飛ばすやつがいるとそいつに代えちゃうんだけど、その後そいつはぜんぜん打てなくなっちゃって……。でも結局それまで何年も2割8分打ってた選手のことを忘れちゃう。

矢部　そう、忘れちゃう。新刊の平台に関しては売れ筋の1位から20位までがあればいいっていう単純な話もあるんだけど、棚下の平台に何が積んであったらいいのかっていうのは、また別の話になる気がします。ちょっと専門書寄りであれば定番のものがきちんと並んでいる必要がある。

――それがあることによって、他の本が見えてくるっていうこともありますよね。

矢部　この本を丁寧に置いている店であれば、こういう本やそういう本も置いてあるだろうって、お客さまも出版社の営業マンだって思ってくれるでしょ。もちろん、定番くん自身もずっとコツコツ稼いでいる。

――棚下の平台に売れ残りばっかり積んであると、なんか目がすべっちゃって留まらないんですよね。

矢部　そうそう。ちょっと前の新刊がずらっと積んであるというのが一番ありがちですね。

――それはお客さまから見れば、ちょっと前の本だし、すでに終わっているわけで……。

矢部　棚下がちょっと前のヒット作コーナーみたいになっちゃう。

――例えば150坪くらいの本屋さんだったら、やっぱり新刊の指定注文なんてできませんか？

矢部　それはなかなか難しいんじゃないかな。

――それを変えていくにはどうしたらいいんでしょうか？

矢部　指定は無理でも、注文を出し続ける。

――えっ?!　出し続ける？

矢部　そして、もし本が届いたら、もらった10冊を無駄にしません、そのためにはこんなことします、あんなことしますというのを言わないまでも、やってみて本当に売り切る。

――実績を作るわけですか。

矢部　数字に出してみればそれは伝わるからね。大きい書店と同じくらいの速度でちゃんと売り切ります、という努力はやっぱりお店もしなきゃいけないと思いますよ。その積み重ねがあって、本が届くようになるわけでしょ。そういう信用がついて初めて初回指定10冊は難しいけど2冊は入れましょうみたいなことになってくる。それは今の時代では、もうできなくなってるの？どうなんだろう。

――矢部さんもパルコブックセンターの新所沢店や渋谷店にいらしたとき、最初から矢部さんの発注だから入れようって出版社は誰も思ってなかったわけですよね。それをどうやって変えてきたんですか?

矢部　人で本が入って来ることなんてそんなにないと思います。もしあったとしても、そうやって入れてもらった本を売ってナンボでしょ。まあ、パルコブックセンター渋谷店は特異なものが売れたから(笑)。

――出版社が売れるとも思ってなかったものを逆に売っていた(笑)。

矢部　そうそう、いや、そこまでじゃない(笑)。小さいお店なら初回でなくてもよいですって、追加で入れてもらうよう注文します。文芸書だったら出版社の案内やPR誌、文芸誌の広告を見て、今月出る本を確認して、それで注文してました。

――新刊案内だけでなくいろいろなものをチェックしてたんですね。

矢部　あるとき出版社のたぶん偉い人に「矢部さん、そんなに闇雲に言われても、これは専門書ですよ、だから刷り部数も少ないんです」って言われたことがあって、でも「うち、この著者の本を前に1冊もらって、それ売れたんです」って言ったら「ええー」とかって地味に驚かれてね。「じゃあ、2冊送ります」って。

――50冊とか100冊の話の前に、1冊を2冊にしていくことなんですね。

矢部　そう！　いいこと言うなぁ。出版社の営業担当っていうのが決まっていないようなお店だったから、普通に代表番号に電話して、「これ1冊、これ2冊」って注文していて、それでハイハイって言ってはくれるけれど本が入らないことも多かった。次はある程度配本の厚いお店だったからあまり心配もなかったけど、渋谷のときは新店だったから最初のうちはとにかく何も来なかった。普通の本屋のつもりだったけど、1年くらいしたら、売れるものも変わってきてるのに気が付いて、だいぶ見当がつくようになってきたので、その信用ができて、ようやく本が入ってくるようになった感じでした。その代わり、売れ筋はそんなに要りませんって（笑）。そう言われても出版社は困ったと思うけど。

――新刊の情報はどうやって手にしていたんですか？　出版社に送ってくださいとか言ったんですか？

矢部　言いました。新刊案内ください、ＦＡＸもください、取次にも情報を持ってきてくださいと。

――何から何まで。

矢部　あと、広告ね。

――さきほど話されていた出版社のＰＲ誌とか文芸誌の広告ですか。確かにあれは来月の新刊とかがわかりますよね。

矢部　広告だと、銘柄ごとの出版社の力の入れ具合もなんとなくわかりますからね。それで新刊が出る人がわかれば、既刊本を返さないようにするとか、せいぜいそんな程度だけれど気にしてました。まあ、新刊の情報を持っていても、事前に注文して手配がつくことはなかったけど。

――来ないんですか？

矢部　そもそも事前注文を受けないでしょ。知ってるだけだよね、これ今度出るんだって（笑）。

――精神安定上悪いかも（笑）。

矢部　そんなこたない（笑）。お客さまに聞かれたときの反応も前向きにできるでしょ。とにかく、注文して売ればいいのね。

物流と発売日

ここでは実際の物流と発売について見ていきます。

主要な総合取次の物流センターは首都圏（東京近郊）に立地しており、版元・書店それぞれに対する物流機能を担っています。センターは各取次が別々に運営しており、出版物の受け入れ・仕分け、各書店への出荷、返品の受け入れ・仕分け、版元への返品の発送、返品のうち廃棄するものの処分などを一元的に引き受けています。

出荷先の書店がどこに立地していても、物流はこれら首都圏のセンターが相手になります。北海道でも沖縄でも離島でも変わりません。日本全国にセンターと書店を結ぶ輸送網が張り巡らされています。荷物は首都圏近郊の書店であればセンターから直接トラックで運ばれますが、北海道や九州など遠隔地に対してはまず最寄りの拠点まで貨物列車（コンテナ）で送られ、トラックに積み替えられて配送されます。沖縄や離島宛には船舶が活躍することになります。このように仕向地に応じてさまざまな輸送手段が使い分けられています。

東京中心の輸送体制が敷かれているため、特別な手当てがされている銘柄でない限り、東京に近い地域ほど店頭への到着が早く、遠いほど遅くなります。例えば書籍の場合、東京を基準にして北海道・青森県・四国で1日遅れ、中国・九州で2日遅れ、沖縄は3～5日遅れが標準です。この基準のことを「首都圏基準」と呼び、荷物に同梱される伝票も実際の配送日にかかわらず首都圏基準で切られています。雑誌ではもっと厳密で、同じエリアの店舗で発売日がずれないように配送スケジュールが組まれています（同一地区同時発売といいます）。

ここで問題になるのが「発売日」という言葉です。字義通りに捉えると新たに売り始める日という意味ですが、「売り始める」ポイントとタイミングに複数の解釈があるために問題となります。

一般に版元が広告やウェブサイトで「○月×日発売」と表記しているのは「首都圏基準で店頭に到着する日」という意味で使われています。つまり青森県・中国地方よりも遠方の地域では、こういった広告を見たお客さまがその当日に店頭に見えても「商品がまだ来ていない」ということになってしまいます。もっとも銘柄によって早い遅いがあるわけではないので、お客さまの方が了解しているケースもままあるようです。もちろん店に届いていても店頭に並べなければお客さまにとって「発売された」とは言えませんので、本編でとにかく新刊が先と言及される理由もおわかりいただけると思います。

やっかいなのが「搬入発売」という考え方の存在です。搬入日、すなわち版元から取次に引き渡した日を発売日とするものです。先の補講で述べた通り搬入後に仕分けと出荷の工程があるため、東京のごく一部の店舗を除いて搬入日に店頭に届くことはありません。首都圏の店舗であってもそうです。大多数の店舗に商品がないにもかかわらず「発売」と広告されてしまうため、それを当てにして来店されたお客さまにご迷惑をおかけすることとなります。２０１１年には、全国的に注目されていたある書籍で搬入発売日が単に「発売日」として広告され、マスメディアもこれを取り上げたために、首都圏の店舗では混乱が見られました。

お客さまから「発売日」が直近の銘柄について問い合わせを受けた際には、取次の新刊送品案内や書誌検索システムと突合して自店への入荷日を調べ、入荷前である場合にはお詫びした上で入荷の目安を伝えましょう。それを予約につなげるとベストです。前述したような「業界の都合」をお客さまにお知らせすることは控え、納得いただける説明を心がけなければなりません。

　ではどんな銘柄でも全国発売日を統一できないかというと、そうでもありません。その手段として「発売協定」があります。発売協定の手法として「東京出荷協定」と「積込」の2種類があります。

　東京出荷協定は「東京都内店舗への着荷日を統一、それ以外は順次発売」とするもので、取次または版元が設定します。書店において単に協定という場合こちらを指します。店頭での販売開始日時を拘束する条件がつく場合もあり、そのような銘柄は店頭での実務上「協定品」と呼びます。協定品は指定された日時になるまで販売してはならず、守られない（早売り、読者の立場ではいわゆる「フラゲ」）場合は版元から注意され、最悪の場合次回以降送品停止とされることもあります。銘柄としては一部のライトノベルレーベルや、アイドルの写真集などが指定されるケースが多く見られます。

　一方の積込は「遠方から先に出荷して、店頭への着荷日を揃える」ものです。通常一括で出荷するところを地区別に分けて出荷するため、対象銘柄は日本出版取次協会（取協）での調整を経て設定されます。有名どころではコミックレーベルの単行本に多くかけられています。一部のコミックが中京・近畿圏で首都圏より1日早く発売されるのはこの関係で、かつて首都圏基準1日遅れだった地域に対して、首都圏と同日発売になった今でも1日遅れ扱いで積込されていることによります。

第3講

平台の正解はひとつ

- 店のルール
- 整理整頓
- 売場の見直し
- フェア①
- 平台の並べ方

お店のルールをはっきりさせる

――例えば矢部さんが沿線の小さなお店に異動になったとして、初めにすることは新刊案内を送ってもらうこととか一回目で講義してもらったように棚整理を全部したりすることなんですか？

矢部　新規オープンのお店じゃないならそのお店なりのルールがあるはずなので、まずそれを学習します。そのなかで、不要なひと手間を発見したらみんなに聞いて変えます。使わないファイルや、保管義務のない過去の書類とかがあれば、ばすばす捨てます。最後に異動になったお店は小さい店だったけど、駅前の立地で競合店もなく、とても繁盛していました。ただ、ワタシからみれば処分してもいいものが大量にあって、狭い店を余計圧迫して使いにくくしている感じだった。

――バックヤードもちゃんとありましたよね？

矢部　ありました。事務机もあったんだけど、ドーンと伝票が載っていて机の面が見えなかったたし、机も椅子も実は壊れてた（笑）。座って仕事する時間なんてなかったろうし、何から何まで売場でやらなくちゃまわらなかっただろうから、仕方なかったと思うけど。とにかく、古いノベルティや拡材、古い制服、紙類、ディスプレイで使ってた小物とか整理しました。みんなに手伝ってもらって毎日ゴミ袋何個も出してね。普通の仕事をしながらだから結構時間がかかっちゃった。

矢部　――その間もお店は開いているし、荷物も届いているわけですもんね。

でも、最初はレジまわりの見直しね。いろんなものを捨てたり整理したりして、動きに無駄のないように変えていくのね。引出しを開ける手間を2回から1回にするには、とか。棚はまず、お店の一等地を決めて、そこを整理して、次に自分の担当のジャンルの棚に手を入れて、売上構成比の大きいジャンルからとか、みんなが使いにくそうにしている棚からとか、計画をして順々にやっていきました。

矢部　――お店の骨格をもう一回再構築する感じなんですね。

前に話した平台や棚の意味付けもそこで考え直すのね。入り組んでたり、空いてるから置いちゃったみたいなものを全部整理し直して。雑貨も店内に点々とあったんだけど、それも一旦整理しました。

矢部　――最近は雑貨を取り扱う本屋さんが増えてますよね。

その雑貨がこの店に置いてある理由、さらに言えばこの店のここに置いてある理由が明らかなのがいいと思うんだよね。ワタシは雑貨の経験がなくて、売れているときはいいんだけど、終わり時がわからなくてね。売れたなら補充するか、売れてないならやめる。どこかで区切りを付けたいんだけど、どうするのが正解だったのかいまだにわかってない。

――買切商品の場合が多いし、でも本屋さんは値引きも慣れてないですし。

矢部　その時は、本部の担当の人に相談して売れてるところにまわしますとか言ってもらってホント助かりました。いろいろ整理して、お客さまにも働いている子たちにもわかりやすい売場をつくるのが大事です。

――お店のルールがはっきりすれば、働くみんなが悩まなくなってどんどん仕事が早くできるようになるわけですね。

矢部　そうですそうです。例えば、それまでは問い合わせにもあちこちの棚を見に行ってたのが、少なくともこの隣り合った2、3本の棚を探せばいいんだなってわかるようになったりね。小型店はPOSにロケーション（棚の番号）が登録されてなかったりするから。

――棚を明確にすればそこを探せばいいわけで。

矢部　平台もね、小さいお店でも新刊や話題書を置く場所っていうのは最低限作らないといけないし、フェアが展開できる場所も必要です。とは言ってもそう大きくはないお店だから1ヶ所、2ヶ所あればいいわけね。その他に、季節商品が入ってきたらこのフェア台を半分使おうとか、なんとなくみんなで決めるわけ。

フェア台を使って季節には敏感に反応する

――そういえばこの間ある本屋さんに行って何かが足りないと感じたんですけど、あとで考えたら季節感のあるフェア台がなかったんです。たとえば、春先だったらお弁当のフェアとかあるじゃないですか。でもそのお店はフェア台っぽい場所はあるんだけど、なんとなくよくわからないもの置き場になってしまっていて。矢部さんの場合は、前もってそういう場所を決めておくものなんですか？　この平台は常に季節ものを展開していく場所みたいに。

矢部　実用書と児童書はやっぱり季節があるものね。エンド台があればそこでやればいいし、なければそのジャンルの棚の近くに作ります。お店の一等地にある必要はないんだけど、お客さまがこの辺かなと思って来る場所はあるわけだから、そこに作る。

――フェアっていうのは自分で選書して発注して、看板とか飾りつけなどもしないといけないから手間がかかりますよね。

矢部　でもね、やはり季節は先取りしてやるべきだと思いますよ、実用書売場としては。

――そういうものですか？

矢部　その季節ごとにそういった新刊も多くなってくるしね。

——それを棚下で処理するか、ちゃんと平台に持っていくかというのは、やっぱり判断としてあるんですか。

矢部　そうね、それは平台のほうがいいな。平台は、そこでお客さまに一度足を止めてもらいたいので。そのためにはいつも違った本があったほうがいいわけでしょ。棚下には同じものがあってもいいのね。ダイエット本のコーナーならダイエット本のロングセラーが置いてあればいいし、その方が安心するよね。だけど平台は、季節ごとに、今ならこんなに楽しめる本もありますっていうコーナーを作っておかないといけません。そうしないとお客さまも楽しくないでしょ。

——確かに買うかどうかは別にして気分が変わりますね。気分が変われば、つい手にとってしまうかもしれない。そういうフェア台というのは、どれくらいの期間陳列するもんなんですか？

矢部　ふつうは1ヶ月間くらいを考えると思うんだけど、1ヶ月じゃ長いってけっこう言われた。3週間くらいで考えなさいって。あるいはフェアの看板を全取っ替えはしないんだけど、展開中にちょっと変えるとかね。例えば夏休みのアウトドアフェアみたいなものだったら、8月終わり頃になったら「夏休みの最後は！」とか看板に書き加えたり。

——えぇっ?!　フェアの看板なんて一度付けたら終わりかと思ってました……。

矢部　目先を変えるだけなんだけど、何点か別の本を置いたりするだけでがらっと印象が変わったりもする。フェアも置いたら終わりでなく、そういう工夫はやったほうがいい。でも、大変だよ、ここまでやるのは。

——そういうフェアの内容は、どれくらい先まで考えていたんですか。1年分くらいは考えているんですか。

矢部　実用書や地図旅行書の担当は年間でスケジュールを持っているはずです。本屋から季節を感じてもらうことも大事。それに、季節に敏感に反応してますみたいなところがないと、他の本も売れなくなっちゃったりしないかな。

——それはお客さまのほうが感じるんでしょうね。

矢部　この本屋さん、おっとりしてるのかしらみたいな。

——なんかあったときにあのお店に行こうと思い浮かばなくなりますよね。

矢部　あそこならあるかもって思われないとダメですね。季節ネタは生活と結びついてるから、お客さまにわかりやすい売場を演出することができるよね。昨日と今日でお店の印象を変えるのに一番手っ取り早い。例えば急に暑くなったら、冷たい飲み物とか冷たいデザートってみんな思うわけじゃない。タイミングがあえばもちろん売れる。

——常に準備をしているんですか？

矢部　出版社も注文書送ってくるからね。そういうものにはちゃんと反応しないといけません。

——文芸書や人文書で展開するフェアっていうのはそれとは別の考えなんですか？　そういえば

矢部さん、文芸書の担当のときとかあんまりフェアをやっていた記憶がないんですけど……。

矢部　すみません（笑）。確かに文芸書のフェアってあんまりしなかったなあ……。文芸書にフェア台がなかったのもあるんだけど、実用書の季節ネタに比べると好き嫌いになっちゃう気がしてね。

――これ読んでおもしろかったです！みたいな感じですよね。

矢部　ワタシが海外ミステリーに夢中になっていたとしても、みんながそれを読みたくなってる気分なんていうことはないいんじゃないかって思っていたのかな。

――主体を常に自分でなく、お客さまの側に捉えていたんですね。

矢部　それはよい捉えかた！（笑）。昔の『ダ・ヴィンチ・コード』みたいに大ベストセラーが生まれたときには、ほかにも翻訳書の歴史エンターテインメントでこんなものがありますって並べたりはしたけれど。そもそも文芸書の担当ってあんまりやってないんだよね。1998年から2、3年の間、渋谷のパルコブックセンターにいたときしかやってない。

――ええ?!　そうだったんですか。

矢部　そう。

――その短いタイミングにあの話題をさらった「J文学」があったってことなんですか？

矢部　たまたまのタイミングでしたね。

――そうだったんですか。矢部さんといえばJ文学。文芸書の担当のイメージが強かったので衝撃です。

矢部　店長になっちゃって誰かと一緒に見ることはあったけど、棚担当としてはそんなもの。

――その3年くらいの時に他の店行ったりして、文芸書のフェアやんなきゃいけないとか思うことはなかったんですか？

矢部　全然ない（笑）。どうしてだろう？

――普通、必ずありますよね（笑）。

矢部　ほんと？　理工書の担当だった時は、大きなフェア台があって、それはいつも頭を悩ましてた覚えがあるんだけど。

――理工書の時はどっかからひっぱってきて集めてやったりしてたんですか？

矢部　テーマ考えて、メインの本を決めて、大きな本屋へ行って探したり、出版社に聞いたりして仕込んでました。

――よく聞くのは、フェアのなかで意外なものが売れて、それを今度棚にフィードバックしていくのが重要とか。

矢部　それは確かにフェアの大事な成果ですね。ただ自分が知ってる本だけ選んでやってもそういうことにはならないよね。今なら検索して、あんな本もこんな本も並べられるかもしれないけど、昔は版元さんに聞いたり、自分で基本になりそうな本の参考文献からひっぱってきたりね。一生懸命選書したりリスト作ったりしたら目も引くし、いつもと違うお客さまも来てくれるかもしれないし。

毎日平台を入れ替える

——それで平台なんですけど、一番売れるものはここに置くみたいな約束事はあるんですか？よく言われているのは一番手前の左に売れるものを積むと。

矢部　それはあります。例えばさ、本屋では一般的な平台だと四六判で32点くらい積める平台があるんだけど。

——32点というのは奥4点に横8点というイメージでいいですか。

矢部　そうそう。そういうエンド台があったとしたら、その32点をどう積むかっていうことのルールは、自ずとありますよ。基準は、まずタイトルと商品量だよね。それに当然売行きね。

――じゃあ32点並べられる平台があったとしたら、最初に手前の左端に一番売れる本を置けばいいんですか？

矢部　そうしたいんだけど、まず、物を置く順番としては奥から積んでいくでしょ。毎日の仕事としては、すでに32点積んである平台に、今日新たに10点積みたい本が来ましたとかなるわけ。基本的な考え方としては、その平台の売行きの23位から32位の本を外せばいいんだけど、届いた新刊を見て巻数ものの2巻目が来ましたみたいなこともある。そうなると1巻目は実は32位で外す対象になっていたとしても、残さねばならぬということになってきますね。つまり、届いた本を見て、すでに並んでいる本の中から何を外すかを考える。で、最奥列に何を積むかですね。最前列には今日届いた新刊を並べたいわけでしょ。新刊でもこれはどうかなと思うものもあるし、既にブームは去っていて今さらこれを並べてもどうかなみたいなものもあるけど。そういう色々な要素を考えながらまず一番奥に積むものを決める。一番取りにくいのは最奥列の真ん中あたりなので、そこに置く本を決める。意外に最奥列の両端は取りやすいからね。

――あっ、4列目でも端はランクが高いんですね。

矢部　ま、少しね（笑）。そこは意外に使える場所だから少し考え方を変える必要があるかな。ただ物理上、奥から積まなきゃいけないから、このままの売行きだと次に平台から外されるのはお

前かもしれないぞみたいな本を最奥列の真ん中にまず置きます。お客さまが取りにくいという
ことは書店員も取り出しにくいわけで、ずっと同じ本を置きがちになるんだよね。なので、ま
ずこれを押し出していきました。最初に最奥列の真ん中を決めて、次にその周辺っていう風に関
連づけながら並べていく。で、左端右端は少し下がってた方がいい。

——真っ平らじゃなくていいですか？

矢部　独立している平台なら気にしないんだけど、エンド台の場合だと、その両脇から棚が始まって
るでしょ。そうすると例えばエンド台には満遍なく15冊ずつ積んでいて、そこから連なる両脇
の棚前の平台には4冊くらいしか積めてないわけだから、そのエンド台と棚前の平積みの高低
差が11冊分もできちゃう。そうするとエンド台の正面に立ったとき、奥に何が積んであるのか
が見えないよね。エンド台の役割は、この平台の両奥には書棚がずっと連なっていて、ここに
積んである本はそのほんの一部であって、奥に行けばまだまだ面白そうな本があるんですって
思ってもらうことでもあるわけでしょ。なので、エンド台の左端右端には、比較的売れている
んだけど在庫が少ない本とか、内容も棚前の平積みと繋がる本などを置くと。そうすれば多少
見通しも利くし、棚への繋がりもあって、更に店の奥に誘導できるかもしれない。と考えて、
両端は低くてもいいかなって思ってる。それに端は危ないし、本の角も傷むしね。

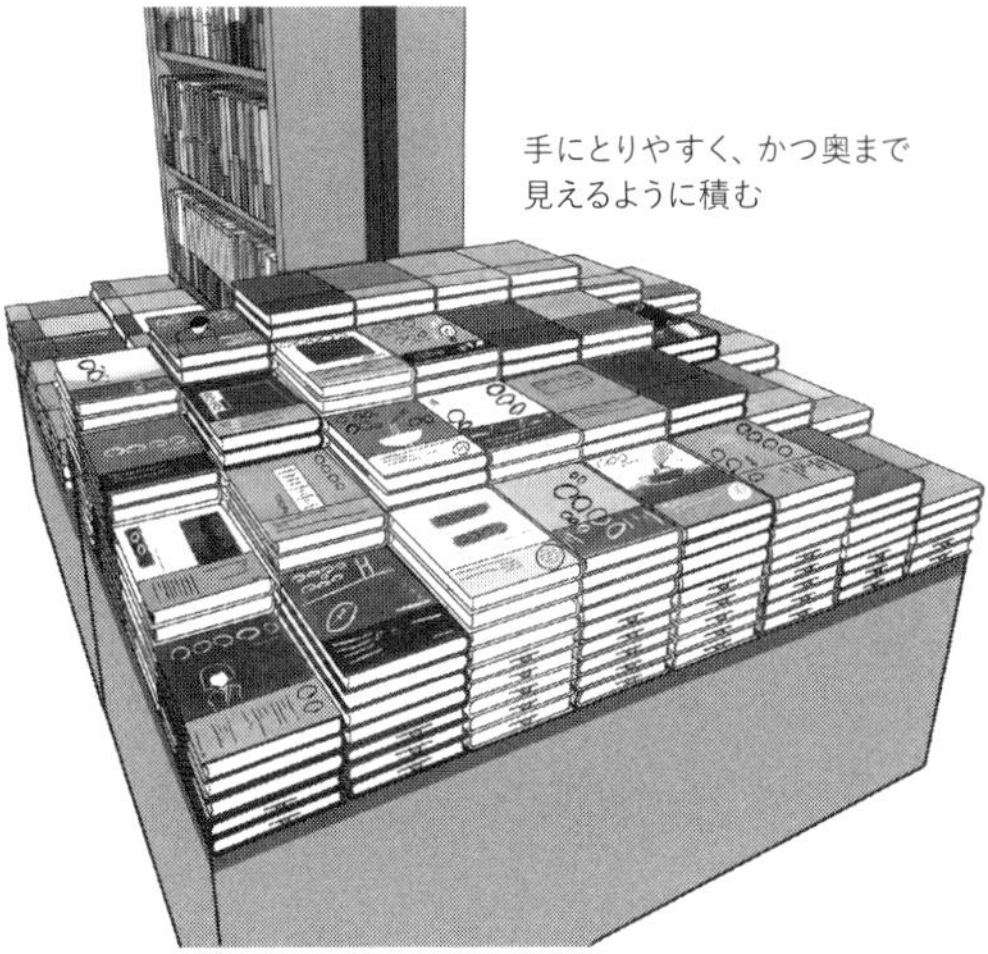

エンド台に積む高さの割合

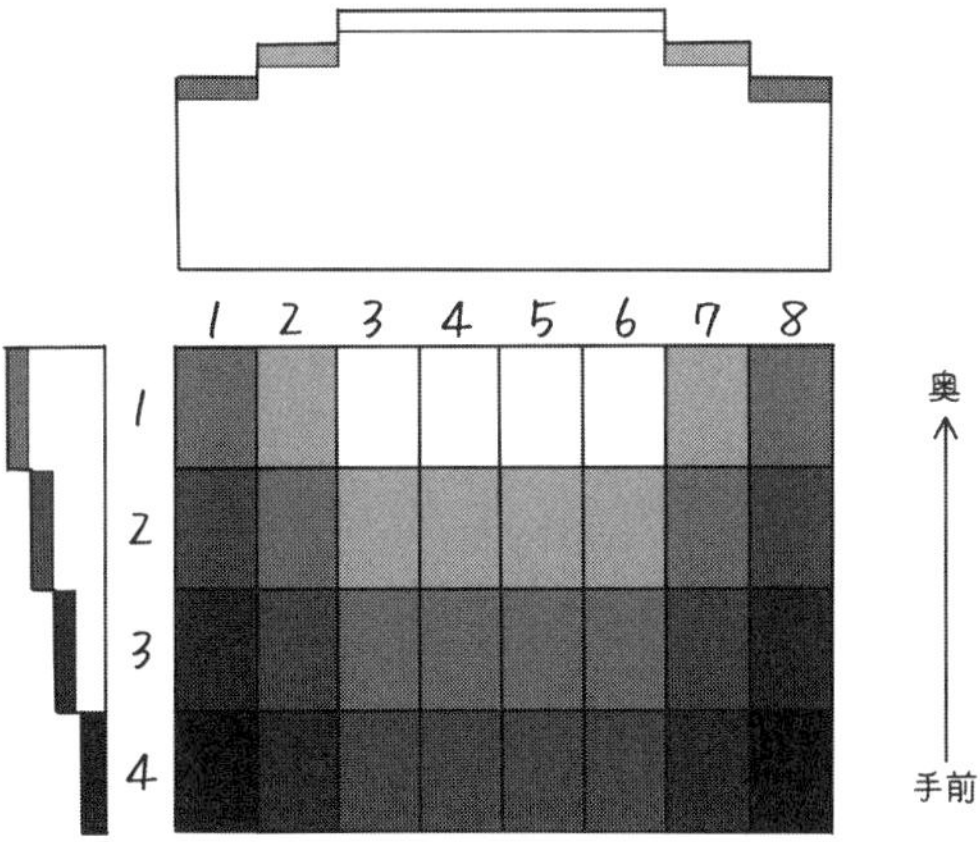

――そこまで考えているんですか……。ああ、いったい何枚、目から鱗が落ちるんだろう。

矢部　要はお客さまが本を取りやすいかどうかの話ね。頭をはねることもあんまりしたくないんだよね。手前の本を数冊ずつ抜くなんていうことはしません。持ってる在庫は出し切る。しかし、売れる売れないを予想しながら、お客さまが手に取りやすく、見栄えも良く、隣同士の関連も見ながら、この本の隣にはこの本がいいはずみたいなことも考えて並べていく。そうすると、実は平台の積み方はその日1種類くらいしかないと思うんだよね。

――えっ?! 32面の平台の積み方は正解がひとつなんですか!

矢部　自分としては。だから弟子にやらせてみても答え合わせができる。

――なぜそこに積むのかすべてに理由がきちんとあるわけですね。よく言われるのは手前の左端が一番売れるって言うじゃないですか。ここはピラミッド型に積んだとしたら積む冊数が少なくなってしまいますよね?

矢部　それは確かに悩ましい(笑)。でも、在庫がある程度豊富に持てて、平台もいくつかあるお店だったら、平台によって高さを調整できるからそれほど悩まない。100冊入ってきたとしたら、この平台には10冊積んで、あと90冊は別のところにどんどん展開すればいいし。今日入った本のなかで一番いい場所に出す。けれども、ここだけに全在庫並べる必要はないわけだから。前にも話したけど平台に役割をもたせてるわけだから。たくさん入荷したのならそれぞれの場所があって、この新刊の平台にはその場所にあった数を積めばいいわけ。でも一番売れるものは手前です。

――そして左が優先なんですね。

矢部　ワタシは右より左がいいと思ってる。本屋の棚は基本的に左から右に流れるように作るからね。巻数物や五十音順しかり、棚の内容の流れもね。だからお客さまにも左から右に目を向けてもらいたいし、歩いてもらいたい。この図の足跡みたいに左から右に歩いて来ると想定してるので、左側に、より売りたい本を積む。

――そして当然後列より前列がいいポジションになりますよね。

矢部　そうはいっても真ん中周辺も見てもらいたいし、目立ち具合も左右と差がつき過ぎないようにするためにも高さを出す。もちろんその方がお客さま

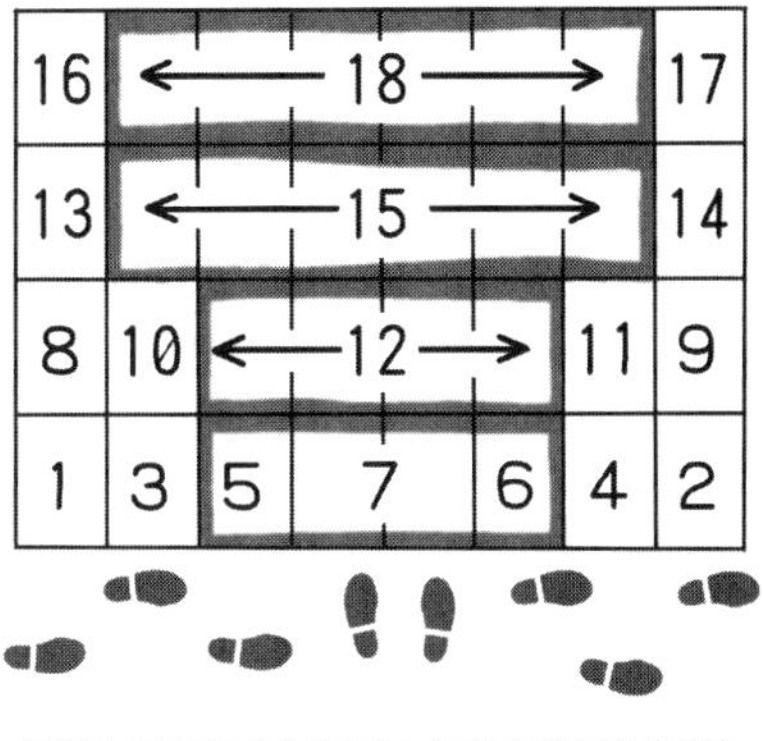

平積みの位置による売りたい気持ち&売行き良好度

も取りやすいしね。

―― 平台は面ですが、それを三次元で表現して、よりお客さまの目に留まるように工夫するわけですね。上下巻はどう並べるものですか。

矢部　左が上巻です。

―― 1巻、2巻、3巻といった巻数ものは？

矢部　左から1、2、3。

―― 縦に並べるのはありですか？

矢部　気持ちはわからないでもないけど、ちょっと気持ち悪いよね。

―― たとえば平台に多面積みを4種類つくる場合はどうするんですか。

矢部　縦だよ。1種類ずつ。

―― 横に並べるっていうのは？

矢部　それは、この平台なら横8面同じタイトルを並べて4列別の本を積むみたいなこと？　それはないぞ。4種類の本を

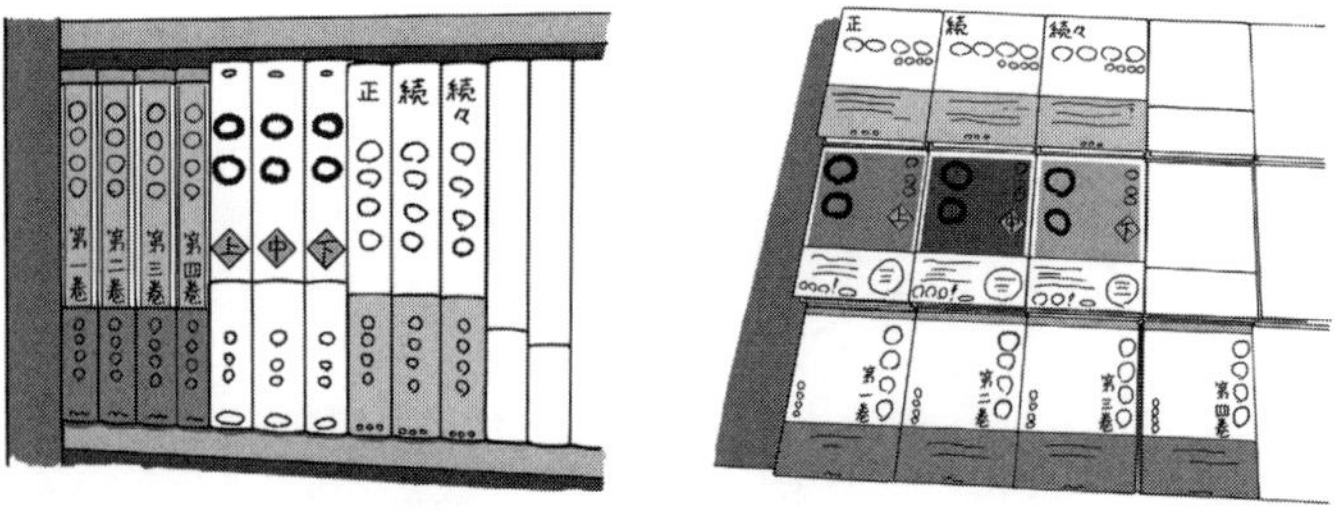

巻数物や上下巻といった続きものは棚も平台も左から順に並べる

多面積みにするっていうのはその本が売れてるからするわけじゃん。あるいは売ろうとするから。ということは、その4種類の扱いにはそんなに差はないわけでしょう。

――あっ、そこで前列後列というものにしちゃうと差が出ちゃうわけですね。

矢部　売ろうとするからには一番いいところに並べてあげなきゃ多面積みにする意味はないですよね。平台はいつも縦割り。何列ずつってすることはあってもいつも縦。すごく在庫が少なくてもほんとに売れていてここで売るぞっていう本は1列でも縦。

――2面で積む場合は横なんですか？

矢部　2面なら横もありかも。でも2面はあまりしない。それだったら無理してでも1面にして真ん中に置いて高さを出すとか。什器の形状によって2面しか積めないってことはあるかもしれないけど、2面ってインパクトなくない？

――えっ、でも、結構2面で積んでいるお店ありますよね。

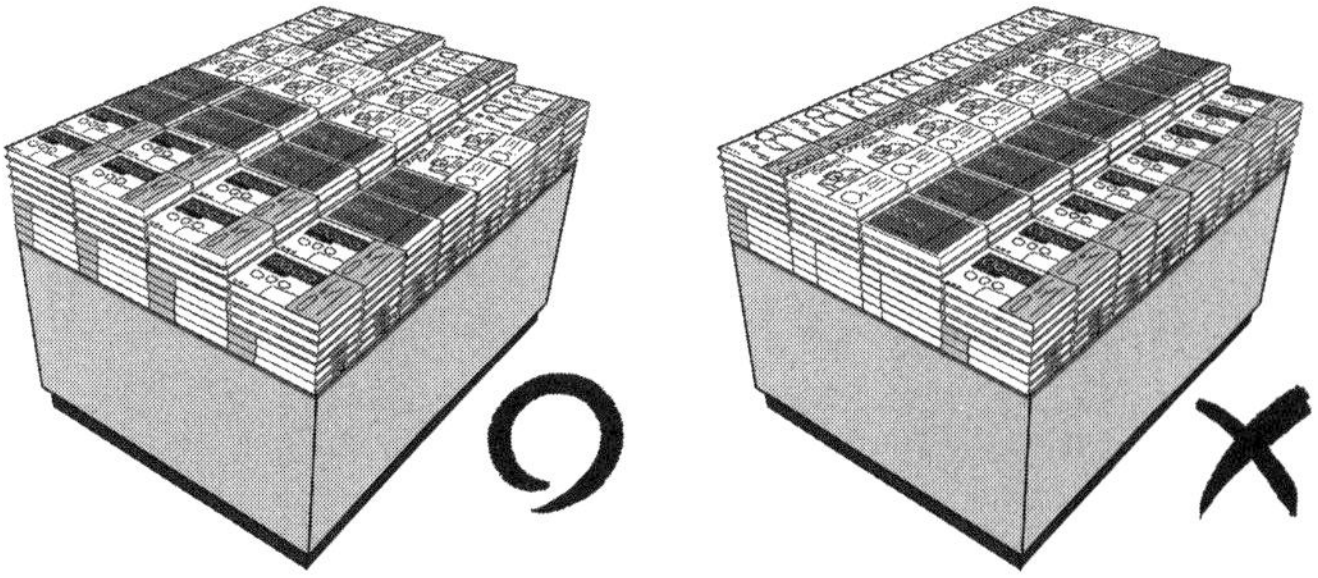

平台はいつも縦割り

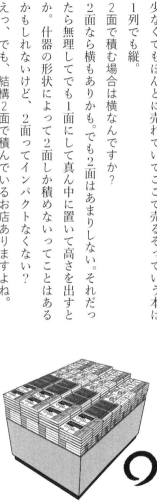

矢部　あ、そう？　例えば、平台が1ヶ所しかないっていったら8面の中を横で2面ずつ組むことはあるかもしれない。2面で縦ってのはないな。

――平台は基本的にすべて並べ替えが必要になりますか。

矢部　それがベストだと思います。

――じゃあ32点の平台を積み替えるとして、矢部さんの感覚では何分くらいでやってたんですか？

矢部　とりあえず配架するっていうことならすぐできる。それに、全部入れ替えるなら、それも割と簡単。

――あっ、そうか（笑）。

矢部　品出しっていうのは、実は時間じゃ計れないと思います。新刊がたとえ1冊もなかったとしても、その日の新聞広告やニュース、話題をキャッチして変えていった方がより売れそうでしょ。今日のベストの形にするべく、毎日平台を入れ替える。

二つの制度と既刊流通

ここでは新刊配本以外で店頭に入荷する商品の取り扱いについて見ていきます。その前に委託制度と再販制度について触れておきましょう。

委託制度とは、端的に言えば発行から一定期間内の銘柄であれば自由に返品ができる制度のことをいいます。返品可能な期間は書籍新刊で１０５日、月刊雑誌で60日、週刊雑誌で45日です。これに対して返品ができない商品や取引条件のことを「買切」と言います。委託制度によって、書店にとっては売れ残りによる在庫リスクを抑えながら、多くの種類の商品を仕入れて販売できるため、結果的に読者の選択の幅を広げることにつながっています。

再販制度は正式名称を「再販売価格維持制度」といい、版元と取次間、取次と書店間の契約に基づき、版元が設定した価格での販売を取次・書店に強制できる制度のことをいいます。再販行為は競争を阻害するため独占禁止法で原則禁止されていますが、同法23条により著作物を対象とする場合はこの禁止規定が適用されません。再販制度により日本全国どこであっても同じ商品は同じ価格で手に入るため、読者にとってさまざまな本に触れる機会の提供につながっています（「東京で２０００円の本が離島では５０００円」というようなことがない）。

これらの制度で日本の出版は発展してきたともいえますが、その一方でこれらの制度と高正味（取次の出し正味は77～78％が標準）であることとが相まって制度疲労を起こしています。委託制度では類似商品の大量生産、過剰な送品などによる返品率の高止まりも問題です。その他にも課題は多くありますが、それだけで本になってしまうので本項での言及はこの程度に留めます。

話を戻します。新刊配本以外では、書店から注文しない限り商品は入荷しません。その際版元と取り決める取引条件が主に三つあり、それぞれ「注文」「長期」「常備」と呼んでいます。

最も一般的なのが「注文」で、書店から取次、あるいは直接版元への発注によって出荷されるものです。版元から届く重版分や売行き良好書の注文書に「注文扱い」などとあるのはこのことを言っています。書店の自己の責任で注文するという考え方から、注文品は原則として買切扱いになります。ちなみに新刊配本であっても委託期間内に返品しない場合は買切に移行します。ただ、この原則も形骸化してきており、無条件に返品を受けてくれる版元が多くなってきています（俗に返品フリーとかフリー入帳と言われる）。そうでないところでは逆送（返品した商品が書店に送り返されること）されますが、版元宛に返品の伺いを立てると承諾してくれる場合もあります。

「長期」は長期委託の略で、委託期間を一般の１０５日よりも長く取ったものです。その期間は必ず店頭に陳列する義務が生じますが、売れた場合の補充義務はなく、期間終了後も継続販売することができます。期間は半年から1年未満で設定されることが多く、既刊の売行き良好書やフェアのセットに対して設定されることが多いようです。

「常備」は常備寄託（委託ではない）の略で、長期と似ていますが「期間が主に1年間」「版元と書店間で常備セットごとに個別に契約する」「売れたら補充する義務を負う」「期間終了後は返品する必要がある」点が異なります。税務上は出版社の社外在庫と見なされる点も大きな違いです。常備商品には専用のスリップが別途入っており、見分けられるようになっています。設定対象は専門書に多く、専門書の版元が自社の定番・必備とする商品で組むことがよく見られます。年に1度の入れ替えの際には相当数の抜き取りと納品を同時にこなす必要があり、棚担当にとって重労働の一つとして数えられます。

請求時期についても説明します。請求時期とは取次から書店に対する請求がいつ立つかを表すもので、基本的には即請求と延勘定《のべかんじょう》（単に延勘とも）の2種類です。

即請求は納品日の翌月に請求されるもので、注文扱いは基本これになります。延勘定はそれよりも遅れて請求されるもので、即請求に比べて3ヶ月遅れであれば三延《さんのべ》などと呼ばれます。長期・常備も期間満了の翌月に請求されるので厳密には延勘定ですが、一般に延勘定というときは「注文扱いなのに請求が遅い」ものに限られます。これらも注文扱いには変わりないので買切条件であることが多かったものの、いわゆる年賀状本や手帳など、季節商品で大型の銘柄では返品可能条件がついているものも少なからず見られます。

第4講

書店はセルフサービス

- 異動
- 送品の見直し
- 売場構成
- 作業効率
- 目録
- 商品知識
- 他書店の棚
- ネタ帳
- フェア②

品出しを優先する

――今回はですね、お店のまわし方についてちょっと伺いたいんですよ。

矢部　はいはい。

――先日とある本屋さんを訪問したら、もう店内が片付いていないんです。ワゴンは10台くらいグチャグチャに出ていて、段ボール30箱くらい売場に出しっぱなしの状態で。午後2時くらいに伺ったのですが雑誌もまだ半分くらいしか出してなかったりという状況だったんですね。たまたまその日はスタッフがお休みだったのかもしれないんですけど、でも、こういうお店ってあると思うんです。決してそこで働いている書店員さんたちが手を抜いているとかではなく……。

矢部　もうね、なにもかも終わらないのね。

――そういうところの仕事の調整って、いったいどうしたらいいんだろうと思ったんですけど、書店の従業員の人数に応じて納品量を変化させるっていうことは基本的にはないわけですよね？

矢部　ないでしょうね。次は崖下っていうときの最終手段としてはあるかもしれないけど。

――やっぱりないですよね……。でもあれって、さばける物量でまわさないと、新刊とかずーっと台車の上に置きっぱなしとかになっちゃいますよね。

矢部　そう。本屋として意味がないよね。新刊もきちんと並べられなくて、常連のお客さまは店頭のブックトラックを見に来る習慣が付いちゃったりして。

――書見台には出版社からの郵便物が１ヶ月とか２ヶ月分あふれちゃって雪崩を起こしているんです。

矢部　たいへんだ。

――おそらくバックヤードにもＦＡＸや資料が山積みになってるはずで、今、多くの本屋さんがそういう状況に追いつめられているんじゃないかと心配になってしまったんですよね。

矢部　そうなんだろうね。

――でも、みなさん、やる気はあるんです。そういう方々の手助けになるべくお話をお願いしたいんですけど。荷物（本や雑誌）を止めるっていう交渉は無理なんですかね？

矢部　荷物を出す人も時間もないので、本を送るのを止めてくださいって言うのはちょっと乱暴ですね。まず精度の高い、適正な送品に改正しないとね。配本があって嬉しいと思ってたから、止めるなんて考えたこともなかったけど、配本を見本とすれば、後は注文でもいいんだよね。目利きさえできるなら、そもそも配本を０冊にしてもいい。今は、事前にタイトルごと送品数を指定できるのかな。もちろん上限１、２冊までとかの縛りはあるのかもしれないけど。

――売場の規模と客層を考えて自分で判断すればいいわけですね。パターンの配本でなく。

矢部　首都圏の大型店ということでなければ、配本は1冊でもいいかもしれないよね。その1冊を見て追加注文を出す。ましてや郊外や地方だったら売れるスピードに見合って、例えば都心部のランキングを見てから発注するって判断もある。そのタイムラグも担当はわかっていると思うし。売上ロスなく、かつ店舗のスペースに合わせて発注するっていうのがいいのかな。

――でも実際は毎日毎日大量の新刊や補充品が納品されてきてるわけです。あのスパイラルって店側からはコントロールできないものなんでしょうか。矢部さんが郊外の小さなお店に異動になったときってどうだったんですか？

矢部　書籍の荷物はそんなに多くなかったですね。開店前に一便で、雑誌はいつも多くて大変だったけど、書籍は多い日でも30箱くらい。開店前に雑誌を並べなきゃいけないことと、書籍の開梱とで、午前中に人を厚くする体制が既にできてたしね。主婦のアルバイトさんたちが良く働いてくれるんだもん。なので、完璧ではないけど、異常に滞ることはなかった。

――注文してないけどなんだか届くみたいな本はなかったんですか？

矢部　注文してないけどなんだか届くってのは、自動発注だよね（笑）。そういえば単行本の新刊配本で、普通は1、2冊なのに、あるひとつの出版社の専門書だけいつも必ず5冊入荷してきて、取次に聞いても理由がわからず、改正もされず、明らかに無駄だった。身の丈に余る専門書配本5冊って、本当は理由はあったはずって今は思うけどね。で、配架はなんとかできるんだけど、午前中に人件費使い切ってるから、返品作業も滞りがちだし、フェアはもちろんきめ細かい陳列とかができないんだよね。人はもうホントにギリギリでした。

――人、減ってますよね。削れるところが人件費だけなんで。

矢部　たぶんあの頃よりもっと厳しくなってると思います。

――そういう場合は、お店の側から配本ランクを下げてくれって言ったりするもんなんですか？

矢部　配本ランクを見直すっていうのは、やらなきゃいけないものですね。売れなければ下げなきゃいけないし、売れていれば上げる。杉江さんの見たそのお店のような状態は、商品量のコントロールだけじゃないかもね。お店を売れる状態でまわしていくためには、方向を定めて仕事するようにしたいかな。これ以上人が増えることはないから、最小限の人員で店を守り、かつ売れるお店にしていくには、無駄なことをしないで、懸命に本を出すという方向に動くと。

――仕事の優先順位を間違っている可能性があると。確かに仕掛けコーナーとかは充実していました。

矢部　仕掛けって、大きな平台が1回の注文で済むし、考えずに積んでもたぶん大丈夫だし、お店独自の色も出せるってことで、そこばかり充実しがちですね。でも、本当は新刊や補充の品出しが最優先です。それを捨て置いて、自分が本当にやりたいのはこっちなんだっていう仕事をやってしまうと、お店が劣化していっちゃう。

——一番の優先順位は、来たものを出す。

矢部　もちろん!!　商品量や人員、作業量が見合わなくなってくると、毎日終わらないから嫌になっちゃって、それで好きな仕事を優先しちゃおうって気分になってきてるかもしれない。古い書店員だと、心がヘタってくると、ひとり時間外に残って棚を入れ替えたりフェアを作ったりして、ヘンな慰め方をするんだけどね（笑）。

——そうなんですか。

矢部　棚に癒してもらうんだ（笑）。

売る数を入れれば無駄な作業も減る

——もし矢部さんがそういった人が足りてなくて作業途中の段ボール山積みみたいなお店に異動に

なったら、まずは何をするんですか？　とりあえずは品出しして返品するんですか。

矢部　それしかないよね。

――棚作りとかは脇において、まずはこの状態をリセットしないといけないってことでしょうか。

矢部　うーん。同時進行で色々と見直していくんだけど、まずは毎日来ている荷物の量を確認します。一日の送品量とそこから返品がどれくらい出るのかは一週間もすればわかってくるから、今度は雑誌と書籍の送品を見直します。

――それって取次店に連絡するんですか。

矢部　そう、取次。いまはどういう仕組みでそういうやりとりをしているのかわからないけど、取次のシステムで入力したり、以前は納品に付いてくる定期改正の用紙に書いたりしていました。

――それは一律に何％なんてわけではなく、雑誌ごとなんですよね。

矢部　もちろん。この雑誌は毎号50部送られてきているけど、10部でいいとか。あの当時は向こうもそれを手作業でやっていたから、すぐには変更されなくてね。実際に変更になるまで3ヶ月くらいかかったりしてたの。それがだんだん簡単になってなんとかリストっていうのができるんだけど、そのリストがすごい量で、おまけになんだか条件があって意外に面倒だった覚えがある。でもやらないとね。

――なるほど。

矢部　書籍は、現状の配本を確認して、どんな仕組みでこの量が入ってくるのか確認します。以前はビジネス書パターンとか文芸書パターンとかあって、それぞれ段階があって、その一覧表で増減していました。お店の売行き傾向と照らし合わせてね。

――そういったことをやっている最中、来る荷物を何割くらい減らしたいとか目標は頭のどこかにあるんですか。

矢部　減らしたいというより、売れるか売れないかですね。

――あっ、はいっ！

矢部　より精度の高い送品にしたいわけだから、売場の現状に見合った数字に改正します。売上を上げるためにも、無駄な作業を減らすためにもね。

――そうやって少しずつ無駄だった物量をコントロールしていき、次は働いている人たちでどうやってまわしていくかっていうことを考えるんですか？　さっきお話しされたようにパートさんたちには、品出しをやってもらうとか。

矢部　本当は配本を見直すと同時に、自分の店の棚配置とか棚の分量はこれでいいのかっていうところも考えたほうがいいよね。今の売上に見合っているのかどうかも含めて。売上と全体の坪数に対するジャンルの構成比があるわけじゃない。

――はい。

矢部　20％も売場比率を占めてるのに売上構成比が5％しかないから、売場も5％にしようとか。本当はそれが正しいのかどうかも実はわからないし、売場を5％に減らしたら売上は1％になっちゃうかもしれないし。自信もないので誰かに聞いてください(笑)。でも、まずは多少是正する。そういう効率を見るデータは、今相当もっているんじゃないかな。それに売上の中身も見ないとね。ある新刊が爆発しているだけってこともあるから。

――実用書とかは平台だけが売れてたりすることありますよね。

矢部　そう。大きな平台だけあれば棚は少なくていいとかそういうのを見ていく。以前は棚の尺数を出していて、ジャンルごとの棚尺数で考えて、棚尺構成比と売上がなるべく1対1になるように見ていたりしました。

――そのバランスが悪いと見直すようにしていたんですか？

矢部　そう。ジャンルの増減を見直して、今度は店全体の構成も考えないといけないし。

――そうなりますよね。

矢部　効率だけでなく、こういうお店にしたいという夢と希望もあるでしょ。

自分で棚を作り直せば効率は爆発的によくなる

――そういった売場の構成と合わせて配本のランクも上げ下げする必要があるわけですね。

矢部　一度ランクを下げちゃうと上げるのは大変だからね。すぐ上がるかどうかもわからないし、取次も結果的に返品が減るから下げるのは簡単に了承するけど、増やす場合は本当に売れるのかって思うでしょ。

――確かにそうですね。

矢部　売場構成も見直し、パターンも見直して入荷数も調整して、それから今度は人員を見直します。まずレジの時間ごと必要最低人数を割り振り、次に、毎日の作業を棚卸しして、そのために必要な人数を時間ごと割り出す。例えば、雑誌の検品と品出しは8時から9時まで何人必要、書籍検品に何人とかね。

――そうやって考えていくんですね。

矢部　こういうことは、今の店舗の方がもっとキッチリできてると思う。でも、人はいつでもギリギリだよ、たぶん。

――ギリギリですよね。もう今、営業なんかで声かけられませんもの。昔に比べて超少人数でお店をまわしてる感じがします。

矢部　例えばトラブルや事故があると、それで一斉に止まっちゃうこともある。

――そうですね。

矢部　店舗だから、当然お客さま最優先ですよね。レジを守った上で、それ以外の作業をいろいろするわけだけど、今はここに人を入れることが十分にできていないでしょうね。ワタシが書店員になった当初は、レジに社員が入るってことはほとんどなかったもの。お昼ごはん以外、ずーっと担当の棚の前にいる。というか、それが仕事でした。

――あっ、そうだったんですか。

矢部　次に行った書店でも、最初、社員は一日にレジ作業は2、3時間って決まってたんだけど、そのうちにどんどんと増えていきました（笑）。レジに割く時間が多いと、けっこうモメた。この荷物の量を見てみろとかって、繁忙期の児童書担当とか学参担当なんか、頭から湯気出してるからみんなで調整したりね。

――僕がアルバイトしていたときもそんな感じでした。でも、そうすると今はやっぱり荷物が終わんないよって話になっちゃいますね。

矢部　とりあえずの配架しかできなくなる。

――はじっこから3、4冊がばっと入れて終わりとか。

矢部　一番作業量の少ないやり方をするようになっていくんですよね。思い出したけど、平台やフェアを入れ替えた後で、もっと良い並べ方に気が付いちゃうと、「ここを面倒くさがるワタシではない」とかって自分を奮い立たせて泣きながらやってました（笑）。

――妥協しないために自分に応援歌歌っていたんですね（笑）。矢部さんのお話を伺ってきてわかったことは、やっぱり人間というのはそう動く理由があって、ダメになっていく理由はダメにしたいわけでもなく、また怠けたいわけでもなくて、ついつい楽な方に流れていっちゃうということですね。僕自身もそうなんですけど、忙しさからいかにして手間を掛けずに作業するかって考えていると、どうしても楽な方にいっちゃう。その楽なことは決してお店にとって、いやお客さまにとっていいこととは限らない。

矢部　よく考えるべきところとか、手間を掛けるべきところに時間をかけないようにしようと、自分で思っちゃうんだよね。

――終わらすことが目標になっちゃってるんですね。目的が抜け落ちてしまっている。今、そういう人がいたら、まずどういうアドバイスをあげますか？

矢部　まずは荷物を片付けないといけないから、一緒に納品を終わらせる。で、滞留させない方法を探す。それは配本の話かもしれないし、あるいは棚についてかもしれない。

――棚をどういうふうにするかってことですか？

矢部　たぶんその子の棚はパンパンなのね。なので、売れていない本や汚損破損本を徹底的に取り除いて、売りたい本と売れそうな本ばかりの棚にします。これでいったんは棚がキレイになり、少し余裕が出たでしょ。同時に、売れているのに棚が少ないんだったら棚を確保しないといけないし、前回話した棚効率のバランスなども見ながら変更していきます。

――そこから見直すべきなんですね。

矢部　前にも話したけど、最初に自分で棚の内容を整理しながら作りなおすと、どの本が棚に入っているかがわかるようになるでしょ。悩まなくなるぶんスピードは上がるよね。

――そうなんですか。

矢部　経験から言うと爆発的に速くなります。この本がここにある理由が自分で腑に落ちてるんだもん。

――アルバイトで入ってはじめて品出しするときなんか、1冊手にするたびにどこの棚に置けばいいんだろうって場所探してましたもんね。

矢部　本持ってずーっとウロウロしてたでしょ。

――はい。手帳に棚の配置をメモして覚えようとしたんですけどやっぱり2、3ヶ月経ってやっと糖尿病の棚はあそこだって頭と体でわかってきて、棚差しが速くなりました。そのスピードっていうのはものすごく大事ですね。

矢部　そうすると、今度は検品する段階とか、仕分けする段階でこれはあそこに入れるものだからって分けておけたりするようになるわけ。

――台車に積むときにすでに分別ができるわけですね。

矢部　どうしたら納品が早く終わるかってコースを組めるようになる。とにかくなにかしら考えるようになる。

――アマゾンのピッキングのノウハウがどうこうとかって言ってますけど、あんなのもともと考えて作業してる人はやってたんですよね。棚詰めだって差す順番で腕に抱えてましたよね。

矢部　そうそう。上から順番に差せるように、左腕で抱えられるだけ抱えてね。そのコース取りはスリップを見るときも一緒だよね。

――どういうことですか？

矢部　スリップ見るときも棚の前を横に移動していくわけだから、それに合わせて事前に並べ替えておく。そしたら一筆書きで終わるじゃない。全ての作業について、より売るっていう方向に向かって、どれだけ早くやり終えられるかってことを、走りながら考えて続けていないとね。

プルーフよりも背表紙や目録を読む

――その第一歩がやっぱり棚の見直しなんですね。

矢部　棚の一部でも自分で考えて作れば、そこにある本はすぐわかる。そうなると悩まない。もちろん独りよがりのルールはダメだけど、そういうことをお店全部に広げていかないといけませんね。

――そうしたら、荷物が30箱とか届いても素早く捌けるようになりますか。

矢部　なります。それにね、棚入れが楽しくなるよ。そのたびに充実した棚になっていくのが目に見える。おお！成長しているぞって(笑)。今は棚に番号を付けて本を登録している書店も多くて、今日入社した子でもその棚に本を入れることができるようにしていると思うんだけど、でもそれって、今度はその1本の棚のどこに入れればいいかってきっと悩むよね。

――えっ、それは例えばB―5という棚があったとして、そこに7、8段あったりした場合にどこに差すかってことですか？

矢部　そう。入荷した本に貼ってある作業用のシールとかに棚番号は記載してあっても、5段目の左から13冊目に入れてとは書いてないよね。そうすると、棚の空いてるところとか端にスポッて入れて終わりにする人も出てくる。

―― ああ、だから棚の中の小ジャンルがぐちゃぐちゃな棚があるんですか！　野球とサッカーとバスケの本が、あちこちに並んでいたりする。

矢部　あるでしょ、そういう棚。それをやり直す。この棚の1段目の一番左端には何を置くべきか、2冊目はどうするとか、1冊ずつ考えて進む。で、1段目の終わりと2段目の左端はつながるように考える。同じようにこの棚の最下段右端の本は、すぐ右隣の棚の1段目1冊目に繋がるようにする。流れを作るわけね。で、なぜこの本がここに入っているかが自分だけでなく、お客さまにも伝わるように並べていく。

―― 品出ししやすくなるということは当然お客さまも本が探しやすくなるってことですよね。

矢部　そう。お客さまがこの棚の前に立ったとき、なんでこの本がここにあるのかなって首をひねらせちゃったら

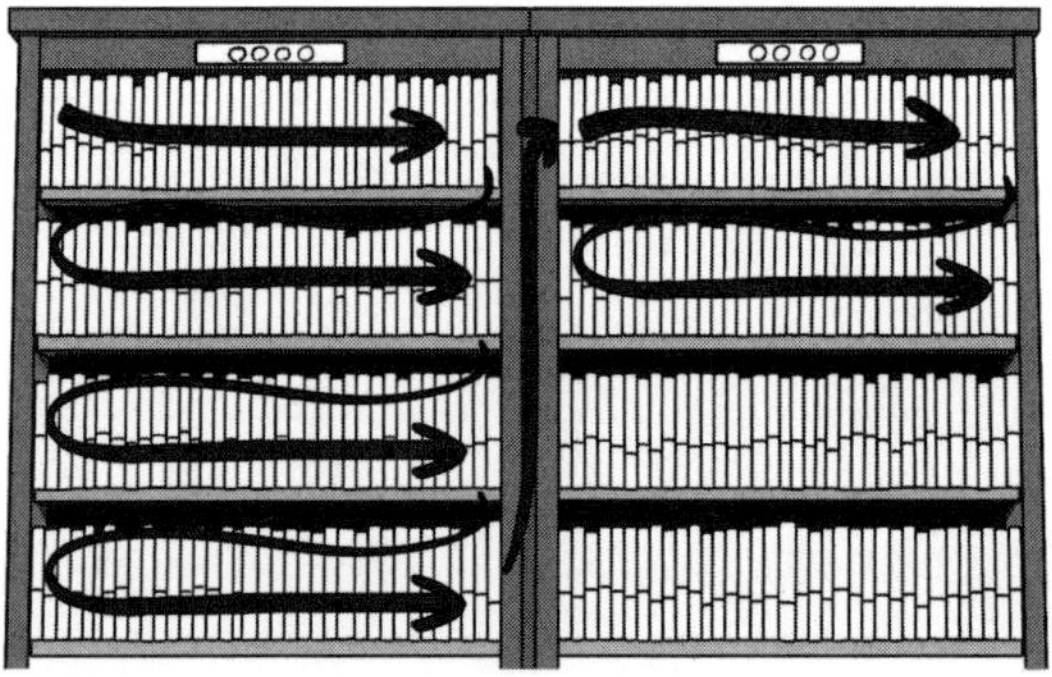

棚は左右上下の流れで繋げていく

負けでしょ。1秒考えて膝を打つ程度だったら可愛いけど。書店って基本的にセルフサービスなんだもん。

—— あっ、そうか！　お客さまが自分で本を見つけてレジに持ってくるんですもんね。

矢部　うん。だから納豆はお豆腐の隣、チーズの横にワインみたいな棚を作らないとね。お客さまが、このあたりにありそうって歩いてきたところにちゃんとある棚にしておかないと。他の書店を見に行ったり、先輩に教わったり、目録の類とか参考にして、ある程度常識的な本の並びを学習する。

—— 総論があって、事典が来てとか……。

矢部　専門書を担当することになったとき、ずっと日本理学書総目録とか工学書協会の目録セットを持ってました。棚はもともときっちりできていたんだけど、初めて聞く単語ばっかりだし、なんでその順番に並べているのか全くわからなくて。もうね、中身はわからなく

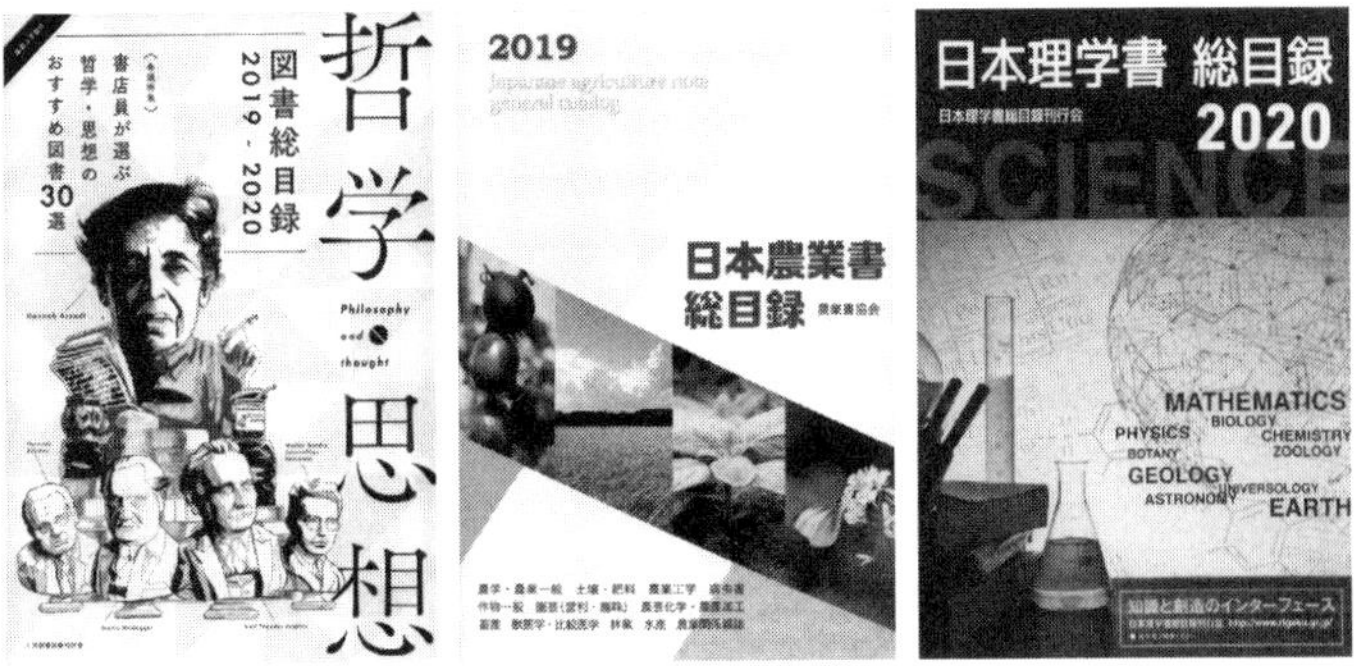

各種目録を読み、見出しを棚の配列の参考にし、商品知識をつける

てもいいって自分で決めて、ただ並びを覚えようって。建築なら、最初に建築概論があって建築史があってってって。

――それは工学書、建築書の目録を見て見出し通りの並びに近い。

矢部　そうそう。化学なら物理化学、無機化学、有機化学みたいなある程度の大枠があるわけじゃない。そういう流れを棚の左から右へ、上から下へと作らないといけない。人文社会系は理工書より難しくて、まだまだ動く学問だから出版社の人からこれは違うとか指摘されたりしてずいぶん教わりました。でもそうやって試行錯誤しながら、売れる棚にしていくと。

――じゃあよその本屋さんに覗きにいったときも、何を仕掛けているとか、こういうのを平積みしてるとか、そういうところばかりでなく、棚の並べ方も参考にしたりするんですね。

矢部　そうそう、専門書はとくにね。最初の頃は、どこの本屋さんに見に行っても本の並びをメモしていました。ジャンルのなかの棚の流れや、棚割の具合を確かめる。

――担当するジャンルが、学生時代に専攻したわけでもないし、専門家でもないわけですもんね。

矢部　うん。あるとき、数学担当の文系男子が、あまりにわからないから数学専攻の先輩に聞くって言って棚を見てもらったんだけど、「いいよ」って終わっちゃった（笑）。この先生のこの本がないっていうピンポイントの指摘はあっても、数学書全体の流れが自然かどうかは興味がないみたいだった。そのとき、専門の人だから棚を作れるってわけでもないらしいって思ったんだよね。人文書はまた違うのかな。

――書店の棚というのは、売るための並びになっているわけですもんね。

矢部　そうなのよ！　いいこと言うなぁ（笑）。並べてる本を全部読めるわけでもないし、読んだことが売ることに直結するかどうかもわからない。なので、こんな内容の本だっていうことがおおよそわかっていればいいんだと割り切る。

――帯を見たり、目次を見たりして。そういえばアルバイトしていた時の社員の人たちは新刊が入るとひと通り本をペラペラしてましたね。

矢部　表紙、裏表紙、帯、見返し、目次、著者プロフィール、はしがき、あとがき、解説とか、本編以外は読む。まぁ、的確な情報を素早く仕入れようとするわけですね。文芸書だったら、小説なのかノンフィクションなのか、小説でもミステリーなのかSFなのか、読者層はどうなのかとか、著者は作家なのか、何を生業としている人かとか探ります。今はたくさんプルーフが配られて、それはそれでありがたいけど、本屋はより多くの背表紙を読んでいる方がいいと思います。

――背表紙を読む！　別の大型書店に行ったり、図書館とか古本屋に行って「こんな本もあるんだ」って気づくことが大切なんですね。

矢部　そうそう。あ、でも図書館はまだしも古本屋には行かなかった。今生きて動いている本だけでもいっぱいいっぱいなんだもん。とりあえず、書店員にとって重要なのは、どれだけいろんな本が自分の前を通り過ぎたかってことだと思います。

――どの本が面白いかということより、書誌情報というか、そういう本が出ているということを知ることが大切なんですね。

矢部　その通り！　またまたいいこと言うなぁ（笑）。こう言っちゃなんだけど、気に留めなくてもいい本と、ちゃんと見ないといけない本の区別は、量を見ていくうちにわかってくるよね。ある程度の年月が経って相応の量を扱えば、これは今売れているけど追いかけなくてもいい本だとか、数ヶ月は積んでおくべき本だとかなんとなくわかるようになる。

――はい。

矢部　だから今とくに大型店で働いている人は、書店員としての幅を拡げているところなんだって、貪欲にいろんな本を浴びてもらいたいと思います。

――本を浴びる。確かにそうですね。では、たとえば新入社員やアルバイトに、自分が知らない本がこの向こうにいっぱいあるってことに気づいてもらうにはどうしてもらうのがいいんでしょうかね。

矢部　それは実際に、それも意識的に見ないと気づきようがないかもしれないな。

――確かに僕、埼玉県の春日部市の30坪とかの小さな本屋さんだけしか知らないで、求人雑誌を見て初めて八重洲ブックセンターに面接に行ったとき、腰が抜けそうになりましたもん。「本ってこんなにあったのか！」って（笑）。

矢部　ははは。そうだよね。とにかくいろんな本屋さんに行ってみてって。今みたいに、よその本屋さんの棚を写真に撮るなんてとんでもないことだったから、メモ取ったり、目録以外にもＰＲ誌や雑誌の特集、新聞の広告や書評を切り貼りしたりしてました。

――それは「週刊文春」とかの書評ページですか。

矢部　「週刊文春」はしなかった（笑）。あのね、書評とかの内容にはあまり関心がなかったんだよね。「この休みに読む○○！」とかいう特集があると買ってたけど。一番買ってたのは『鳩よ！』と、岩波書店の『よむ』だった。大好きでした。

――そういうのを見かけたらスクラップしていたんですか？

矢部　うん。スクラップブックとか何冊もあったよ。今も少しある。大事なのは記事の内容じゃなくてね、○○さんがこんな風に薦めているっていうことより、本のタイトルをたくさん知りたかったんだよね。で、その本がどんな脈絡で紹介されたか、いつ刊行されたか。要はリストが欲しかったんだ。

――ああ、自分がすごく勉強不足な気がしてきました。スクラップはじめます！

矢部　そんな（笑）。今はまあネットがあるからね。でも、やっぱりネタ帳は大切だと思いますよ。

それを自分の中で新陳代謝するようにしとくっていう。だって興味が全くないジャンルでも、売るんだもん（笑）。常に更新しているネタ帳があれば、手持ちでなんとかなるんじゃないか。

——本なんて全部読めるわけじゃないし、必要なのは内容ではなく、リストと文脈。それをそうやって知識を増やしていたんですね。

フェアの本は棚の本と必ず入れ替える

矢部　この間フェアの話ちょっとしたでしょ。

——はい。矢部さんあんまりやってなかったような……と（笑）。

矢部　言われて思い出してみたんだけど、少なくとも芳林堂書店では一度もやったことがなかった（笑）。

——やっぱりそうでしたか。

矢部　というか、そもそも自分がいた理工書の階にフェア台がなかったし、新刊台もなかったと思う。

――え？　そうなんですか。じゃあ棚と棚下平台しかないんですか。

矢部　芳林堂は多層階だったからエレベーターがあって、エレベーターが開くと目の前がレジで、レジの隣に中置きの棚が2本あって。

――そこが新刊台じゃないんですか？

矢部　いやいや、そこは科学一般ていうジャンルの棚で、棚下平台には当然科学一般の本が積んでありました。新刊はそれぞれのジャンルに入れる。もしかしたら、文庫にも新刊台がなかった気がするんだよね。新潮文庫の新刊なら、新潮文庫の棚下に積んでただけだったかも知れない。さすがに1階の文芸書には、新刊台というか新刊棚はありました。フェア台はなかったけど。

――今ならまずフェア台って感じでお店を作りますよね。本屋さんの設計っていうのもずいぶん変遷があるんですね。

矢部　そうね、今はお店の入口近くの目立つところにフェア台がある本屋が多いよね。そのフェア台の位置で言いたいことあるんですけど、言ってもいいですか（笑）。

――思う存分言ってください（笑）。

矢部　フェア台を何台も同じゾーンに作ってる本屋さん、あるでしょ。例えば、お店の入口付近やレジカウンター前に独立したフェア台がまとまって4台とかあって、全く違う4つのフェアを

1ヶ所でやってるのね。あれ、意味ないんじゃないかなっていつも思うんだけど。

――でもよく見かけますよね。フェアコーナーみたくなってるの。

矢部 フェア溜まりとか言って嫌いでした。図面上変形だったり狭かったりして困ると、フェア台を設置しちゃってるんじゃないかなぁ。売る場所としての使い方が熟してない感じがする。フェアって、そこでお客さまに足を止めてもらいたいわけだから、店内の1ヶ所で固め打ちするってもったいないと思うんだよね。それが店舗の入口付近だと、余計にね。フェア台を複数作るんなら、フロアのあちらこちらに作って、それぞれで止まってもらって、見てもらって手に取ってもらう。で、お客さまが顔を上げると、あらあちらにも面白そうなフェアって、次のフェアが目に入って、次第に奥へ奥へ入り込んじゃう、というようなことになってもらいたいよね。店全体で推す大きなフェアをやるための平台は、店舗の入口付近に1台あってもいいけど、それ以外は散らして、ジャンルやフロアの拠点にしたらって思うんだけどね。

――お店全体を見てもらいたいですもんね。ところでフェアというのは根本的な発想としては売上を取りに行くものなんですか？

矢部 違う。

――違うんですか！

矢部 いや、違わない（笑）。売上が取れればそれはもちろん嬉しい！　もちろん世間的に話題になっていたり、流行りや季節などでお客さまの期待に応えなくちゃいけないフェアもたくさんあります。でもなかなかね。フェアをなんのためにやるかって言ったら、いろいろな本を知るってこともあるし、今まで考えてもいなかった脈絡からの売り方に気付くってこともあるなぁと。

矢部——それは日常ではなかなか気付きにくいものですか。

要するに、今まで、この本はこの棚のここに入れるってことになんの迷いもなかったけど、こちらから光を当てればまた違う切り口があるかもって思い付いたことが、フェアなら実験できるよね。この本とこの本を、こんなつながりがあるから試しに並べてみようって。うまく売れたりすれば、より相応しい場所やより売れる場所を発見できるかも知れない。

矢部——本も知れるし、売れる場所も知れるというわけですね。

そうそう。だからね、ワタシは出版社のフェアも実は好きです。新しい発見があったり、違う見方を教えてくれるかも知れないと思うんだよね。出版社お仕着せのフェアばかりって怒れることもあったけど、自分たちで企画したフェアだって、そんなに立派なものが年間通してずーっとできるわけでもないでしょ。とくに、出版社の文庫や新書のフェアは、それに合わせて重版したりするから、品切れだった本も入ってくるし、帯や装丁が新しくなっていたり、新版になっていたりするものもある。そうすると、自分の店の棚にある本が古いってことに気付けるよね。

——そういう見直しのためにもフェアが重要なんですね。

矢部　売れる売れないは当然あるので、規模や期間は見なくちゃいけないけど、出版社がいま力を入れてるものは分かるし、そういうものは知っておく必要もあるでしょ。宣伝もしてくれる。自分は知らなかったけど、お客さまと出版社が知っていて、意外なものが売れたりすることもあるし。

——知らないことがいっぱいありますもんね。

矢部　なので、素直にそれに乗り、展開して、最後はフェアの本を棚に入れ込みます。棚が新陳代謝するだけでもいいことだと思うよ。ありがちなのは、フェアが終わったら、そのまま返すヤツね。

——えっ！　それ、普通なんじゃないですか？

矢部　やはりそれが普通か（笑）。最後に返品するとき、一番状態のいい本を1冊ずつ抜いて、棚の本と入れ替えてもらいたいんだよね。そうしないと、棚にあるのは古い装丁で、さっきまでフェア台にあったのは美しい新版ってことになるわけじゃないの。それじゃお客さまも棚から買う気にはならないだろうし。フェアが終わった後にやっぱり買おうと思った人が、棚に行って手にとったら古い版だったなんてことになったら、その人はもう棚から買ってくれませんね。本当はね、フェアを広げたときに、まず入れ替えた方がいいんだけどね。

——すごい……。初めに入れ替えるなんて聞いたことがなかったです。もし初めにできないなら返す時に綺麗な本を棚と入れ替えるんですね。そんな苦労をしていたとは知りませんでした。結局、何もかも、本に手を伸ばしたお客さまの買う気持ちが少しでもマイナスにならないように工夫していくわけですね。

矢部　そうそう！　いいこと言う（笑）。せっかく棚から手に取ってくれたのに、がっかりさせたくないものね。それにね、この入れ替え作業ね、実はすごく楽しいよ（笑）。

発注経路と使い分け

先の補講では発注しない限り入荷しないと説明しました。発注方法、発注経路についても見ていきましょう。

出版物の発注先は取次か版元の2つしかありません。旧来、注文短冊が飛び交っていた頃には大部分の発注は取次に対して行っていたと聞きますが、電話やFAX、インターネットが浸透した今般では版元へ直接発注してしまうこともままあります。ちなみにメーカーへ直接発注するのは小売業界ではまれで、ほとんどの注文が卸売り会社を経由すると聞きます。

次に、発注先別にどのような発注方法があるかを見ていきます。

取次に対しては、取次のシステムに発注情報を入力する、営業担当者に電話するか注文書を渡すの2つがよく見られます。

取次のシステムで発注に使えるものはWebサービス、ハンディターミナルがあり、日常の補充注文で最もよく使います。Webサービスは日販ではNOCS、トーハンではTONETS、楽天BNではWeb-OPASの名称で提供されており、インターネットにつながったパソコンから書誌情報の検索と取次在庫の確認、発注ができます。ハンディターミナルは、取次がレンタルしているものを使っている場合と、書店チェーンで独自に開発したものを使っている場合の2種類がありますが、どちらであっても銘柄ごとの在庫確認と発注ができます。Webサービス、ハンディターミナルとも発注情報は直接取次に送信され、物流センターに在庫があれば引き当てと出荷が、なければ版元に発注が転送されます。なお人気の銘柄では「調整中」表示になって出荷されないこともあるので、入荷状況もフォローするようにしましょう。

POS導入店であれば忘れてはいけないのが自動発注です。販売した商品の情報はPOSターミナル（レジ）から吸い上げられ、自動発注対象になっている銘柄であればWebサービス同様に取次へ注文が飛びます。文庫やコミックなど棚にある商品が比較的固定的なジャンルには便利な発注方法ですが、買切商品に自動発注がかかってしまうと目も当てられません。自分の店の自動発注がどこで設定できるか把握しておき、買切であることが分かっている銘柄は設定を解除しておきましょう。

取次の営業担当者に連絡する方法は、毎月刊行されるコミックレーベルの希望部数を出すとか、発行部数が限定されている物を予約するなどが主で、あまり日常的な手段ではありません。ただ「人に相談できる」という点はシステムにはない特徴であり、納品に関して何か困りごとがあったらメールや電話でコンタクトしてみるのもよいでしょう。

版元に対して発注するときは、受注窓口に電話するあるいは注文書をFAXする、訪問してきた営業担当者に注文書を渡す、Web受注サービスを使う、の3つがよく見られます。

受注窓口への電話やFAXは日常で最もよく見られ、取次では調整中表示になるような人気商品を注文するときとか、版元から届いたチラシタイプの注文書を返送するときなどシーンはさまざまです。電話番号は、取引先の取次からもらえる「取引出版社名簿」で調べられます。電話の際は「銘柄」「冊数」「搬入先取次、番線と書店コード」「自店名」をはっきりと伝え、取次への搬入予定日と電話に出た版元担当者の名前を聞きましょう。FAXの際も基本同様ですが、番線印がかすれていて読めないことがあるので、はっきりと押しましょう。宛先のＦＡＸ番号を間違えることもままあるので注意が必要です。なおＦＡＸでは折り返しの連絡は基本的にないので、希望する場合は明記します。

番線印とは書店が取次に口座を開いた際に取次から渡されるゴム印で、取次の作業用コード（番線）と書店コードが刻印されています。取次は注文書や短冊に押された番線印で書店を区別して送品と請求を行うため、ある種の印鑑であるとも言えます。印影がなくても番線印の内容が分かれば流通には十分なので、右記の電話注文が成り立ちます。裏返すと、内容が外に漏れた場合、版元へ偽りの注文を出すことができてしまうので、決して口外しないようにしてください。

版元の営業担当者に発注するときは、こちらから注文書を渡すというよりは、営業担当者が書店員の代わりに店頭をチェックして不足する商品を洗い出し、最後にリストを示して番線印お願いします、というやり方が多く見られます。営業担当者は所属の版元のみならず同ジャンルの他社商品にも詳しいことがあるので、棚担当者は仲良くなっておくと有益な情報が得られるかもしれません。最近ではＬＩＮＥやFacebook Messengerなどのチャットツールでつながっておいて、発注や重版予定の確認など連絡を取り合う人もいます。なかなか合理的な方法です。

Ｗｅｂ受注サービスは一部の版元が独自に、ないし共同で運営しているもので、ＫＡＤＯＫＡＷＡのWeb Hot Line、講談社のＷｅｂまるこ、小学館・集英社・白泉社など36社が乗り入れるs-book.net、新潮社・文藝春秋・光文社など28社が乗り入れるＢｏｏｋインタラクティブなどがあります。s-book.netに登録すると出版社共同ネット（95社加盟）にも発注できるようになります。取次のＷｅｂサービスには基本料金がかかる一方、これらのＷｅｂサービスはすべて無料で利用できるので登録だけでもしておきましょう。ただし発注時に出庫が確約されないことも多々あるので、客注分としての利用は避けるのが賢明です（詳しくは後述）。

第5講

スリップから考える

- スリップ整理
- 電話注文
- 電注ノート
- 品切れノート
- 事故伝
- スリップ
- 本の本籍地
- 著者プロフィール

どれだけきちんと並べ替えているかが肝心

――本日はですね、スリップのことを伺いたいと思ってます。

矢部　はいはい。スリップ、大好きです（笑）。

――残念ながらスリップは、2018年あたりから廃止する出版社が出てきまして、今現在（2019年）大小含め50社以上がスリップなしで納品するようになっているようですが、スリップの使い方は芳林堂に入社したときに教わったんでしょうか。

矢部　そうです。新入社員研修でね。でもそのときはよくわからなかった。結局売場で教わったよね。まずレジでお客さまから本を預かったら、全部の本のスリップを抜き、カウンター上の専用箱に入れます。手の空いた時間に、そのスリップを注文スリップと売上カードにちぎり分け、売上カードはどんどん束ねて、最終的には一日分をまとめて閉店後仕入課へ渡します。売上カードのその後は仕入課の仕事ね。注文カードは、担当者別に分けます。

――注文カードはジャンルごとに振り分けられるってことですか？

矢部　そうなんだけど、担当者はたいてい複数のジャンルを担当していたから、カウンターではとりあえず担当者別に分けるだけけね。そのあとは、担当者が自分で分ける。その中で例えば同じタイトルのスリップが5枚あったら、そのうちの1枚に5と書き込みます。売れた冊数を書いておくのね。それで、残りの4枚の注文スリップは捨てます。

――その日売れた本と、複数売れた本はその冊数が出てくる。

矢部　そうそう。それで、昨日自分のジャンルの棚から売れた本のスリップが最小限の枚数になって、軽量化したところで出かけます。

――えっ？　どこに出かけるんですか？

矢部　売場へ（笑）。

――あっ（笑）。スリップを見る手間も極力減らすわけですね。

矢部　そうそう。棚は左から右に流れを作っているわけだけど、手に持つスリップもその順番で重ねます。で、そのスリップ束を左手に、右手にサインペン持って出発します。スリップ1枚1枚、在庫の有無や、本の状態も点検して、ベストの売場にし直しながらね。

――在庫があるかっていうのは、平台から売れた本かどうかってことですか？　棚に1冊だけの本なら売れたらもうそれでなくなってるわけですよね。

矢部　それはそう。まず本籍地に在庫があるかどうか確認して、なければスリップの冊数欄に「1」と書き入れて即注文。平積みがあるならそこから1冊取って棚に補充するでしょ。数ヶ所に積んでいるんなら、それぞれに行って状況を確認して、補充するかどうか、注文冊数とか判断します。

――はい。

矢部　例えば、一昨日5冊入荷して平積みした本が昨日2冊売れた、ということは追加は10冊かな、なんていうことをスリップと売場を照らし合わせながら決めたり、2ヶ所で積んでいるのにこちらの平台ばかり売れているから場所を動かそうかな、とかね。

――スリップを手にしながらそういうことを考える。

矢部　これはようやく売れたので補充は見送るべきか？とか。担当なら正確な冊数はともかく大体在庫の有る無しは覚えてるから、実際は、棚や在庫を確認する必要のあるスリップだけ束ねて売場をまわることが多かったかな。なのでそんなに時間はかからない。

――スリップを分けるのに一定の時間はかかるけど。

矢部　そう。棚を見に行くときに、スリップをきちんと並べ替えることが肝心なんだよね。最短距離で済ませたいので、一筆書きコースを取るように重ねてましたね。「失礼します」なんて断りながら棚下ストッカーを開け閉めする回数も減らしたい。棚の前はキホンお客さまに立ってもらいたいわけだし。

――アルバイトのときスリップを渡されたけどそこまではやってなかったかもしれません。

矢部　やってなかった？

――棚やストックを見に行ってとは言われてました。でもスリップを棚ごとに分けて渡されたかというと、家庭医学と専門医学とかでは分けてた記憶はあるんですけど棚の配置までは考えてやった記憶がちょっとないですね。

矢部 それだと売場に出て面倒だったでしょ？

――面倒でした（笑）。すごく売場をうろうろしちゃって。

矢部 その並べ替えたスリップの下に穴をあけて、カードリングを通して持ち歩いていたときもありました。

――金具の輪っかのやつですか？

矢部 それぞれ。売場を歩きまわるときにちょっと便利。スリップをバラバラ落としたりしないで済むんだ。何に使っていたかっていうと、もちろん普通は追加注文を出す判断に使うんだけど、売上週

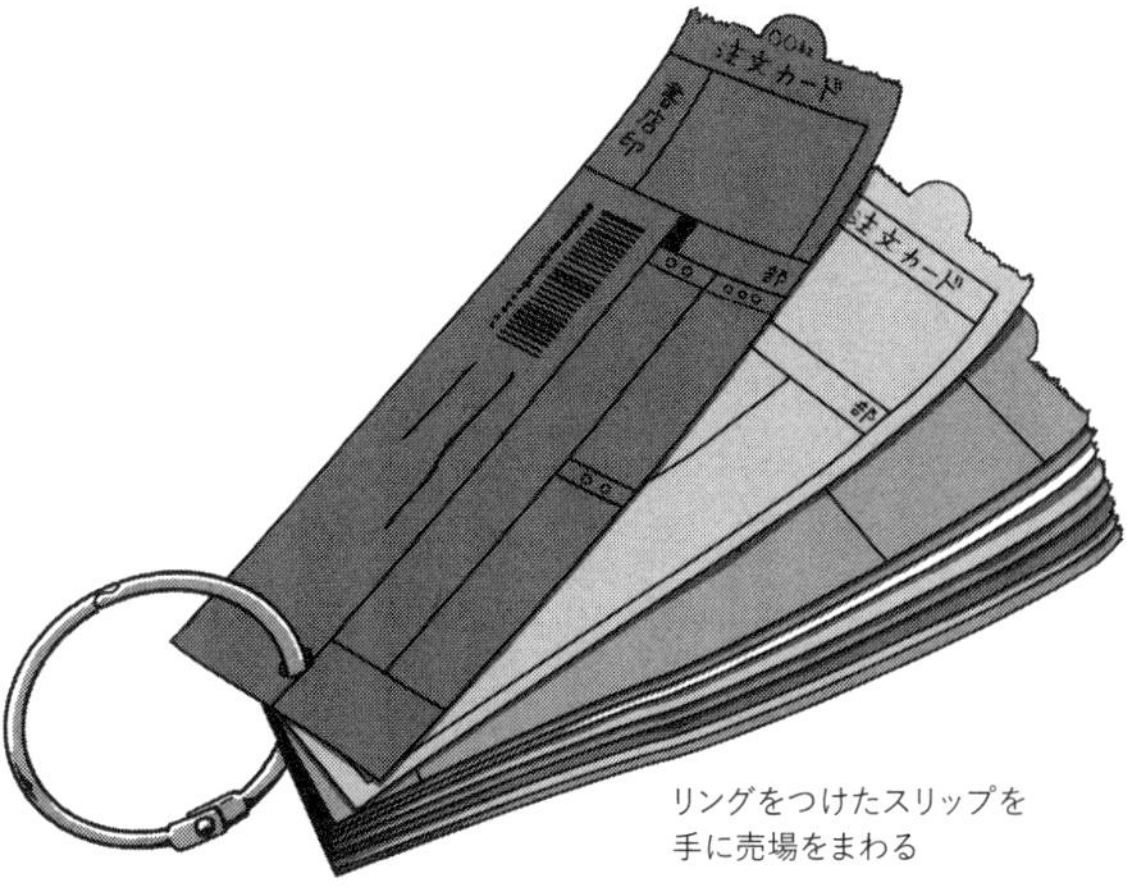

リングをつけたスリップを
手に売場をまわる

間ベストをつくるときにも使ってました。注文スリップに売れた冊数を書き込んで、月曜朝に集計して売上ベストを出す。

――なるほど。

矢部　例えば、12日は3冊売れてたとしたら、スリップに「12－3」と書いて売場を見に行くでしょ。でも在庫があったのでまだ追加注文を出さないで、このときこのスリップをリングに通して残しておくわけ。で翌日また5冊売れてたら、このスリップに「13－5」と書き足す。なんていうことをし続けて、週間ベスト集計用にも使うし、売れ数と速さを見て補充の判断にも使うし、番線印を押して注文書としても使ってました。

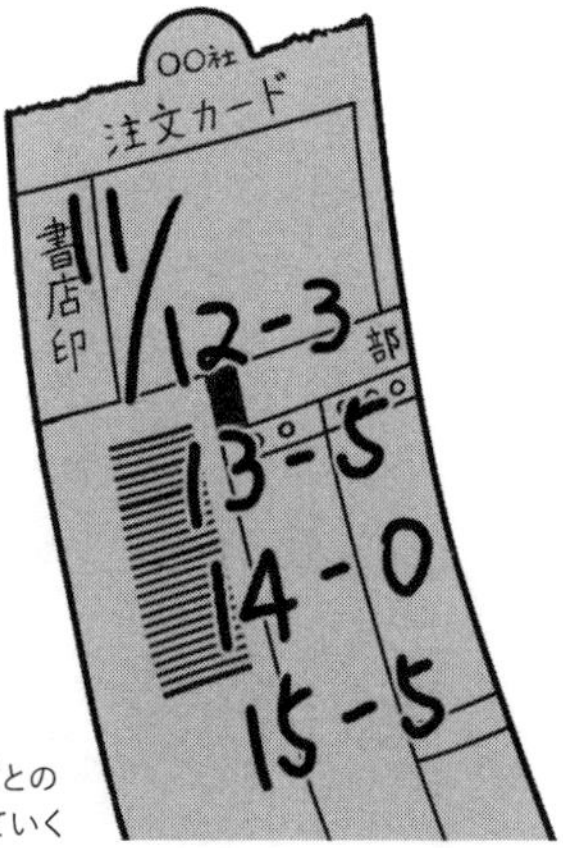

スリップに日ごとの
売れ数を記していく

電話注文する際は情報も添える

──その注文を出したかどうかっていうのはスリップには書いておくんですか？

矢部　それは別にノートを用意しておいて、複数冊注文を出したものは全部控えてました。タイトルと日付と冊数ね。で、入荷したら横線引いて消し込んでおく。

──ノートで管理していたんですね。

矢部　スリップを注文控え代わりにノートに貼っている人もいました。で、本が届いたら剥がして捨てたりね。

──それは使い勝手がいいですね。

矢部　注文控えノートはリブロを退社するまでずっとやってました。みんなにも「平台用に発注したものはノートに書いといて」って言ったし、どのジャンルもちゃんとやってましたよ。

──大変な量じゃないですか？

矢部　うん、そう。でも必要でしょ？　それに、ある時期からスリップを捨てちゃって控えにも使えないので、スタッフ全員が共有できるってノートが結局手っ取り早いと思うもん。

──でもネットで注文しているものは履歴が見られるものなんじゃないですか？

矢部　いや、結局ネット1本しか注文方法がないわけじゃないし、少しでも早く入る方法を選択したいわけだから。

――そのノートはバックヤードに備え付けですか。

矢部　そう。電話の横に置いてあった。

――それじゃ矢部さんが売場まわって「あれ、あの本どうしたかな」ってなったら……。

矢部　まず担当を探すけど、捕まらなかったらそのノート見て把握してました。で、取次の担当者に「この注文まだ来ないいんだけど」みたいなことを確かめたりしてた。今はあまり出版社に電話で注文しないのかも知れないけど、その方が確実だったよね。必死に訴えると「それじゃ持って行きます」なんて言ってくれる担当者がいたりしてね。

――それこそが出版社の営業の腕の見せどころでした（笑）。

矢部　はい、助かりました（笑）。担当者にも、出版社に電話注文するときは、わざわざ営業を呼び出して注文するんだから、売場でしかわからない情報をひとこと添えてあげて、なんてことは言ってた。例えば、初回入荷が○冊で今残○冊で、今日も○冊売れてるとか、夏休みに入ったら急に動いたとか、実用書よりエッセイコーナーで好調とか、現在進行形の売場の様子をせめて伝えてって。

――それは非常にありがたい。

矢部　先方の時間も取って、せっかく直接話しているんだものね。

——相手にも得になる情報を。

矢部　時には「ではこういうのはどうですか?」と返ってくることもあるし、「テレビで紹介しますよ」とか教えてくれたりね。

——まさにコミュニケーションですね。そういう情報交換が大事だったんですよね。今はなかなかできないけど……。

矢部　自分の注文した本について、新しく売るヒントをもらえれば、気持ちも入るでしょ。その出版社の営業マンはワタシたちよりその本を知っているのは間違いないんだから、うまく引き出して売らないと。

——そうなるとスリップは週間ベストを作るのと在庫管理に使うのがメインだったわけですか。

矢部　基本的にはそう。そうだ、あと事故伝だ。当時はスリップで発注して品切れだったときには、スリップだけ戻ってきたじゃない。そのときは「事故伝」と言ってたんだけど。

——ハンコ押されて戻ってきましたね。

矢部　はい、それぞれ。その事故伝の束というのもまたリングに通して取っておいたんだよね。「品切れ重版未定」とか「絶版です」ってハンコ押されて戻ってきたスリップをね。

——ええ、なんで取っておくんですか。

矢部　それは出版社の営業が来たときに渡すために(笑)。「どこかに1冊くらいあるでしょ?」って、そのスリップひらひらさせて訴える(笑)。

――すごい……。それだけ1冊の本に執着していたんですね。

矢部　えー。普通だと思ってたのに(笑)。あるいは半年くらい経ってまた注文を出してみたりします。事故伝のスリップの品切れハンコに×をして、また番線を押して出したりして。タイミングなのかな、返品改装した本が入ってきたりすることも、たまにはあるからね。

――執念ですね。

矢部　いやいや、通常の仕事です。さらに言えば、品切れノートっていうのも作ってた。「○月○日△△△品切れ、重版未定」って書いて、これはお客さま対応用としてレジカウンターに置いておく。売れている本や話題の本のお尋ねに即答したいしね。重版予定があるなら、○月○日重版出来っていう情報も書いておく。

――便利です。

矢部　在庫がないっていうときに、担当者を探さなくても、とりあえず注文ノートと品切れノートを見れば、いまどんなことになってるかが分かるようにしてたつもり。思い出したけど、入社した頃お客さまに問い合わせを受けて在庫がなくて、「売り切れです」って返事したら、先輩にちょっと来てって呼ばれて、それは「売り切れ」じゃなくて「品切れ」だと。プロなら「売り切れ」「品切れ」「置いてない」を区別して正確に返事してって言われたんだった。

――店頭にないことは一緒ですけど意味合いがいろいろあるということですか。

矢部　つまり「売り切れ」は、店頭で今たまたま売り切れ、注文中なのでお待ちいただければ入荷する状態、「品切れ」は出版社で在庫切れの状態、なので重版予定があれば入荷するし、予定がなければ入荷しない、そして「置いてない」はそもそも当店では置いていないので、ご注文承りますと案内すべきもの。一年生ながら、これはすごいと思ったもん。それは自分では辞めるまで言ってたつもりだし、みんなにもときどき言ってたと思う。

1冊の注文を出すときほど買切の練習だと思っていた

――売上が上がって行っている時に、スリップの量的に「ちょっとこれを分けるのは手に負えない」って思う時はなかったんですか。

矢部　いや、そんなことないよ。だって、スリップって一番楽しいんだもの。というか、万難を排してやる（笑）。

――あはは。何が楽しかったんですか？

矢部　成果がまるごと見えるっていうのが、いいでしょ。みんなその一点じゃない？　何がどれだけ売れたっていう一目瞭然。少量でもそれなりに楽しいけど、土日の厚い束なんてすごく嬉しい。自分の仕事の結果だしね。

――今なんか大型書店だとレジは全部レジ担当だったりするわけじゃないですか。そうなると売れた実感ってなかなか持てないかなと思ったりするんですよね。データ見ただけじゃ全然実感わかないだろうし。在庫が減ったなあっていうの以外、ないですものね。

矢部　ＰＯＳも見慣れると成果に見えてくることがあるのかな。ワタシにはついにそれは訪れなかったけど。ＰＯＳだと１タイトルが１００冊売れても一行で終わるけど、リアルに１００枚の厚みがある喜びってあるよね。

――スリップにはその実感が味わえる喜びがあったんですね。

矢部　その通り。ある本が50冊売れたとき、ダブったスリップ49枚を捨てるときの嬉しさたるや（笑）。ただ文庫やコミック担当の子は大変だと思ったけど。

――多いですもんね。

矢部　専門書とは桁違いだからね。さすがにレジの子も、文庫は会社別に分けてあげてましたね。新潮文庫とか角川文庫とかね。でもその後、文庫担当者はさらに著者のあいうえお順とかレーベル別に並べ替えなくちゃならないわけで大変だよね。文庫とコミックは最初にスリップを捨てるようになったし、復活させる人もいなかった。

――リブロ池袋本店ではどこかのタイミングでスリップで管理するのを復活させたんですか？

矢部　いやいや、スリップが正式に復活なんてことは絶対ないでしょ。ただ、捨てろっていう指示は最初の頃こそヒステリックだったけど、そのうちそれほどでもなくなってきたから、ワタシ以外でも、とくに棚から売るジャンルの担当者は結構見てたんじゃないかな。

――ところで今日持ってきていただいたスリップに書かれているその数字は何ですか？

矢部　これは、池袋本店のときのスリップで、この本の棚番号を書いてる。池袋本店はどの階のレジでも全館の本を買えたんだけど、Aゾーンで売れたスリップ見てて、これはAゾーンにあるべきタイトルだけど、本当にAゾーンにあるのか確認したいと思った本は、棚番号調べて、Aゾーンで登録してあれば安心するわけ。他のフロアなら現物にあたりに行って、Aゾーンにも置くべきとみれば、Aゾーンの棚担当者にスリップ持って話しに行きます。

――じゃあ、矢部さんがスリップを持って店内をウロウロしているときは、全員通知表を渡される前みたいに緊張しているんですね（笑）。

矢部　そんなにこれみよがしにやらないよ。これどうして置かないのって直接聞きに行ったりするけど（笑）。

――やってるじゃないですか（笑）。でもそうやってスリップを手にしながら売場を見られるというのも便利なところですよね。パソコンは持ち歩けないですもの。しかもそれは売れた本のデータなわけですもんね。スリップが手元にあるっていうことは必ず売れたわけで。

矢部　そうそう。売れた証拠を持ち歩けるって本当に便利だったよね。スリップには必要な情報は書いてあるし、それ見れば少なくとも背表紙くらいは頭に浮かんでくるもの。その1枚のスリップを見て、注文するかどうかまた考えるよね。実際に入荷してきたら、「どこに置いてどう売ろう」というのを持っていない

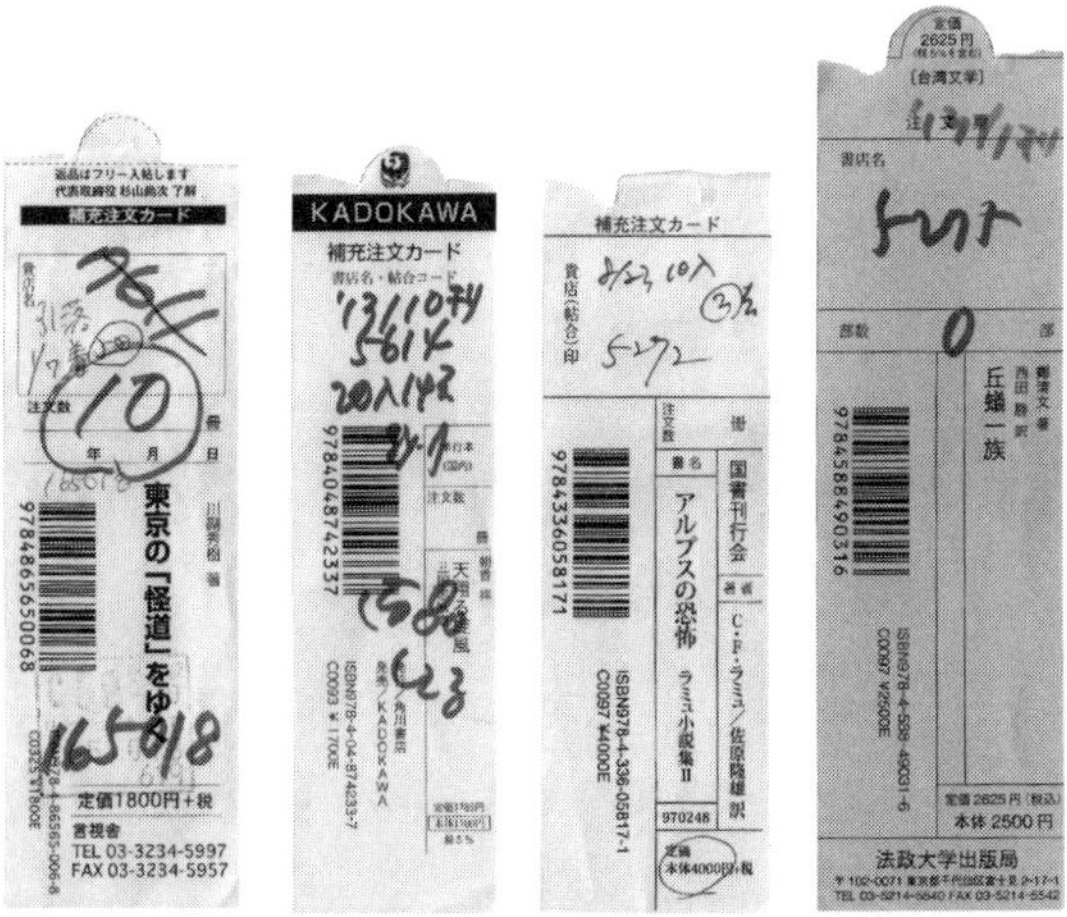

棚番を書き込み売場で在庫状況や展開の様子を確認しメモしておく

といけないし。

矢部　――手間がかかるわけですね。

手間というか、これが本業なんだけどね。そういう悩みの痕跡が今日持ってきたスリップに残ってますね。

――ああ、だからこのスリップにはわざわざ「0」って書いてあるんですね。

矢部　自分に言い聞かせるため書いてたんだと思う（笑）。

――このスリップを見ながら店内をまわっているときというのは、在庫が0になっているのは、悩みを抱える種なんですか？

矢部　このスリップの0は、たぶん「なぜ0なんだ？　まさか返品？　それとも売りっ放し？　いつ売れたんだろう？　確かめないと！」という心の動きの「0」なんじゃないか。POSで売上履歴を見るんだけど、そもそもPOSの売上データって、当時最大2年くらいしか保存されてなくて、それ以前はもうわからないしね。

――ええっ！　そうなんですか？　POSデータって無限に残ってないんですか？

矢部　ないですよ。今はどうなんだろう。

――まさか……。いやはや、びっくりしました。

矢部　ワタシもそのときはびっくりした。村上春樹の新刊が出るっていうときに、前回の売れ数がわからなくて驚いたんだもん。発売日初日や2日目、その後1週間くらいの日々の売行きが必要でしょ。それなのにね。

――それが確認できないならそんなのデータでも何でもないですね。

矢部　さすがに出版社はもっといろいろデータを持っていると思うけど、本屋側はどうなんだろう。売る側も自分の店の実力と方針があって初めて交渉というか、これだけ売りたいとなると思うんだけど、今は難しくないかな。もし本屋に入って数ヶ月の棚担当なんて不安だろうし、なんせ経験が。

――まったくないです。

矢部　積み重ねてきたものを、あるとき捨てたように見えるよね。大きな部数の新刊だけでなく、棚の1冊についても、0か1かを悩みながら注文して、入れたら売る責任があるわけだから。

――そうですよね。

矢部　だから、1冊の注文を出すときは買切の練習だと思ってました。ほんとは注文品は買切で、しかも誰でもない自分の判断で入れたわけだから、売れないと恥ずかしいぞって思ってた。毎日、今日は売れるかなってその本を見るだけでも違うと思います。

――しかもそれが、休み明けに出社したら、売れてスリップが置いてあったらもう大喜びですよね。

矢部　ありがとう！って。そういうことを積み重ねると、その担当者はその本についての知識が増えてエキスパートになるでしょ。売ろうとして工夫をし、その本について学習したわけだし、結果売れなかったとしてもその人の財産になったよね。同じ著者の次の本が出たときには、もうゼロからじゃない。

「どこに置けば売れるのか」ということだけを悩めばいい

――そういうことはスリップがないと考えづらくなるなっていうのはあるんですかね。

矢部　あるんじゃないかなぁ。というか、スリップがなくてもそういうことを考えるっていう人を増やさなくちゃいけなかったんだろうけど、ワタシにはできなかった（笑）。

――考える訓練をスリップがさせてたんですね。

矢部　他からは見えにくい効能だったよね。

――まあ週間ベスト出すのとかはPOSならあっという間ではありますが。

矢部　でも1冊、2冊売れていく本を救う仕事はスリップでしかできなかったんじゃないかな。

――そういう本こそ、いわゆる本好きの人とか毎日本屋さんに来る人とかが喜ぶ本だったりするんですよね。

矢部　というか、実は超ベストセラーみたいなものはある程度機械任せでもいいかもしれない。でも今は逆になっちゃってる気がする。

――細かいところに人の手をかけるべきだったんですね。今はそっちは自動発注でとかになってしまっている。

矢部　本屋のいつもの仕事を効率良くするためのPOSなんだろうけど、実は本屋のためだけじゃなかったのかも知れない。でもね、それでもワタシはいつもの仕事をしながら、そのPOSを使っていつもの仕事をもっと効率よくする方法を考えないといけなかった。

――矢部さんはスリップの使い方を新しく入ってきた人にどう教えてたんですか。

矢部　まず担当のスリップ束をさらにジャンル別、小ジャンル別に分けさせる。そのタイトルがどのジャンル、どの小ジャンルの本なのか、わかってるか見ます。それから、先に話したみたいに、複数冊売れてるものは1枚にして、棚の並び順に重ねさせて、それを持って棚を見に行かせる。在庫を確認してもらうんだけど、本籍地の棚に1冊差してあるかとか、在庫の場所も全て目で見て確かめてもらうのね。新刊台に25冊、棚下平台に4冊、棚差し1冊、計30冊あるとか。で、スリップに在庫数とその場所を書いて来させる。そのスリップを見てワタシが注文数を隣にすぐ書き込む、理由も言いながらね。次の段階は、それに加えて、自分で考えた注文数も書いてもらう。で、それを点検する。この点検は実はずーっとします。何ヶ月も。それ以降も抜き打ちでときどき見ます。で、ぶちぶち言う（笑）。

―― 素晴らしい学習ですよ。それは考えざるを得ないですもの。入れるか入れないか。なぜ入れるのか入れないのか答えられなければいけない。必死に考えるし、情報を仕入れる気持ちになりますね。

矢部 そう言えば、その日の新刊の一覧表で気になった本をマークしておいて、在庫や調べた棚番号通りに置かれているか確かめたりなんてこともしてました。

―― それは何を確認するためにやってたんですか？

矢部 具体的には本の置き場所ね。売場でどう扱ってるか確かめたかった。ときには「まだ出してないです」なんてことがあったりしてね。

―― 早く出しなさいと（笑）。

矢部 つまりね、入荷してきた本は基本どんな本でもきちんと置くっていう姿勢を確認したいのね。1冊しか入ってこない本で、ジャンルもちょっと迷う、出版社も大きくないなんていうのをマークします。ちゃんと棚に入れてるかな、ジャンルは合ってるかなとかね。自分の手に負えなければ、担当に聞きます。この本はどういう本なのとか、この棚に入れるって判断した理由は何とか。こういう考えがあってそこに入れたというのであれば、それはそれでいいんだよね。返品なんてしてたら、そこはしつこく聞く（笑）。あのね、すぐ返品してる本て、置き場所が判断しにくい本だったりするんだよね。

――そもそも本て、何を基準に置き場所を決めるんですか？

矢部　どこに置いたら一番売れるかということだけれど、それって結局お客さまが自分で探しやすいかどうかですよね。

――ああ、お客さまが誰にも聞かずにその場所に行って、そこに本があるってことですか。

矢部　そうそう。それに、書店は、どこになにをどれくらい置くかを選択することが通常兵器なんだと思うんだよね。どの場所に、何冊置くか。同じ本を１００冊入れたときにそれを1ヶ所に置くのか、10冊を10ヶ所に置くのか。そして基本は棚のどこに置くかなんだよね。この本のベストな場所はここっていうのがずっと変わらない本ばかりでもない。置き場所を変えて、また違う本に紐付けることで売れるようになる本だってあるわけだし。時代も変わるしね。

――ある本を棚に差して、でも売れない。その理由を考えないとダメってことですかね。もしかしたら置き場所変えたら売れるかも、みたいな発想がないと結局そこに無理やり置いてるだけみたいになっちゃって。

矢部　実際には、どこに置いても何しても売れない本があるのも薄々知っています（笑）。でも「この本どこにありますか?」って質問されるっていうことは、お客さまが探せないところにあるのかも、もしかしたら自分が勘違いしてるのかもって謙虚に思ってもいいよね。次に来店したときにはきちんと見つけてもらえるようにしないとって。

――店員に聞いてくれるなんてありがたいほうで、見つけられなくて黙って帰っちゃう人のほうが多いですよね。

矢部　そうそう。検索機があったとしても使わずに帰っている可能性もある。セルフで探しやすい＝売れるってことだからね。

――曖昧な本とかをどこに置くかって矢部さんはどうやって判断してたんですか?

矢部　みんな自分なりの基準はあると思うけど、でも基本は著者が何をしてる人か、だよね。

――著者の職業ってことですか?

矢部　そう。最初に見るのは何を生業にしてる人かっていうことね。著者が、職業というか、いま何を生活の糧にしてるかってことかな。学校の先生とか研究者なのか、あるいは経営者とかビジネスマンなのかとか。次にこの人はこの本をどうして書いたのか。その人なりの理由があれば、じゃあそれに合致するような棚に置こうってなる。お客さまも、その人が何をしてる人なのかを頼りに本屋に本を探しに来るからね。

――そうですね。

矢部　例えば養老孟司先生なら、今でこそ膨大な著書もあってみんな知っている先生だけれど、元々は解剖学の先生ですよね。『唯脳論』が出たとき、著者は解剖学者だけれど、とはいえ医学の解剖学の棚に置くのがベストなのか、「脳」というキーワードもあるから生物の棚の一部である「脳」関係の棚がいいのか、でも人文関係の棚にもあった方がわかりやすいんじゃないかとか、いろいろ悩みました。

――ああ！　僕が本屋さんでアルバイトしていたとき、まさに『唯脳論』や養老孟司先生が注目され出した頃で、どこの棚だって悩んでました。医学で置くか、自然科学で並べるかとか。

矢部　そうでしょ。だんだん出張していくにしても、本籍地は決めなきゃいけない。それはその人が何を生業にしてるかで決めるしかないんじゃないかと。同じ脳の本を書いてる人でも医学畑の人なのか、実はスピリチュアルの方から来てる人、エッセイスト、それぞれ棚の本籍地は違うよね。

――同じようなタイトルの本を出していたとしても。

矢部　そう。「脳」の棚としては専門の研究者の本がメインで、「脳」キーワードでいろいろな本が入ってきても、その濃淡は自分で判断しなきゃいけない。

――理にかなってますね。

矢部　それはタイトルとか流行り廃りとかあるけどね。今なんか昔以上にね。

――買う側の意識でいったら、その著者が何をしている人かというところにまずフォーカスしますもんね。たとえばサッカー選手の長友佑都の体幹トレーニング本がどこにあるかなと思って、サッカー選手だけどサッカー本の棚になくて、テレビでやってたし最近話題の本のコーナーかなと思ったらそっちにもないとかだったら……。

矢部　じゃあトレーニングの棚がまた別にあるのかなと。でも1ヶ所2ヶ所ぐらいは見てくれるだろうけど、それだけ探してなかったらもう探さないでしょ。

――3ヶ所目までは見ないかも。

矢部　もう置いてないんだなってなるでしょ。じゃあもう来なくていいやって。

――はい。

矢部　そうなると、その本の本籍地をどこに定めるのかっていうのが、売上を守るには一番大事なんだよね。だから著者プロフィールはしっかり見ます。ここは、出版社にも先生にもお願いしたいところですね。相応しい場所に即陳列されるためにも、より詳しいプロフィールを載せていただきたいなと思います。

本の背番号ISBN

書籍を扱う上で避けて通れないのがISBNです。ここではその仕組みについて見ていきます。

ISBNはInternational Standard Book Numberの頭文字を取ったもので、書籍を世界で一意に特定するための番号です。国際標準化機構（ISO）で採用された規格で、全世界で同一の番号体系を有しています。これにより世界中どこであっても「ISBNが【978-4-86011-438-1】である本は『本を売る技術』である」と特定できることになります。これは書籍を国際的に流通させる上で大変便利ですし、何より数値化によってコンピューターで扱うことが容易になりますから、物流の自動化や迅速化にも貢献しています。

日本国内で共通の番号体系を持つ番号はISBN以前にも存在しており、書籍コードと呼ばれていました。1960年代末期から書籍流通の合理化のため電算化が模索され、書誌情報をコンピューターで扱う必要が生じたことから、1970年に制定されました。同じ年にISBNもISO規格として承認されており、海の向こうで同時に発明されていたことは何かの因果かもしれません。その6年後、京都で催された国際出版連合大会で日本の出版界はISBNの存在を知ることとなり、1981年1月に日本でも導入されることとなります。

　現在発番されているISBNは13桁で、構成要素として「フラグ」「グループ記号」「出版者記号」「書名記号」「検査数字」の5つを持ちます。元々フラグが存在せず桁数も10桁でしたが、一部のグループで番号を使い切りそうになったことからフラグを追加して13桁化されました。フラグは978か979で、日本では978のみが使われています。グループ記号は言語または国や地域ごとに決まっていて、日本は4です。出版者記号と書名記号は、日本では合計で8桁になるようになっており、短い出版者記号であるほど多くの書籍にISBNを発番できます。現在新規に申請すると6桁か7桁の出版者記号が割り当てられますが、足りない場合は追加割り当てを受けられるので無用な番号消費を抑えつつ公平さが担保されています。出版者記号の割り当てを受けた出版者は、日本における管理団体である日本図書コード管理センターのルールに従って、自己の責任で書名記号を割り当てます。検査数字はこれ以外の12個の数字に計算式を当てはめて得られる数字で、読み込みや打ち込み時の間

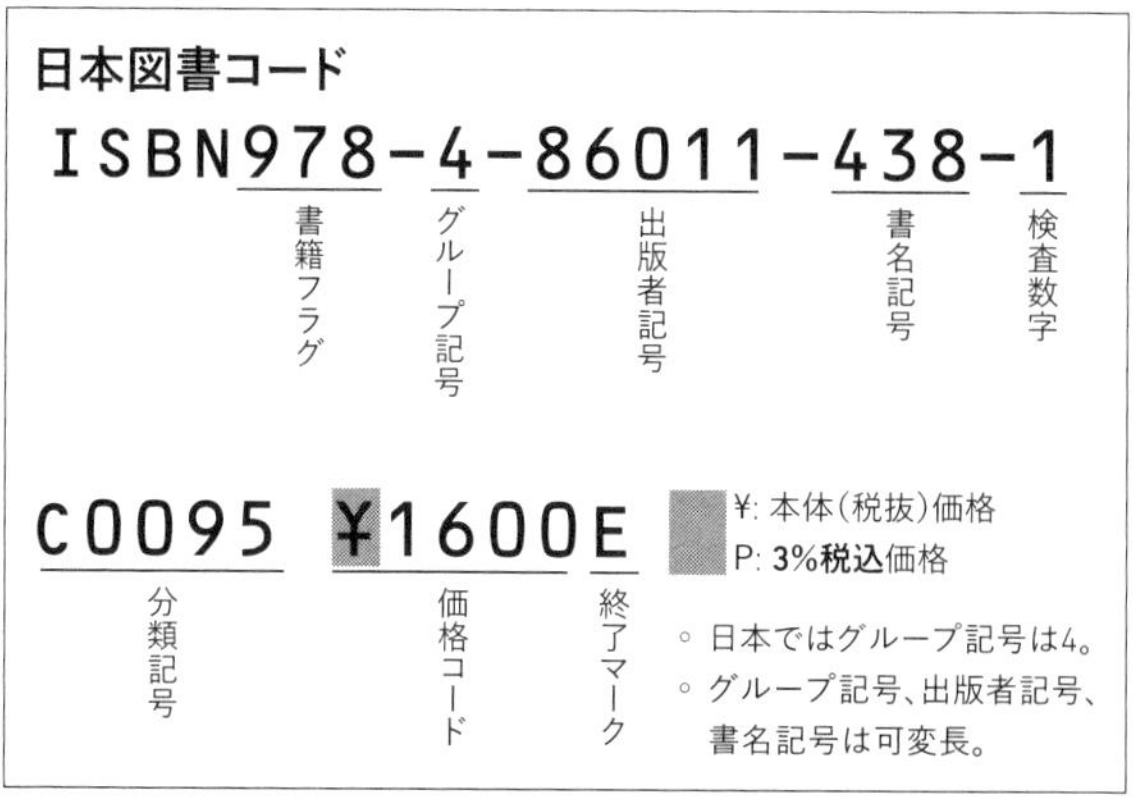

違いを検出するために使われます。

ISBNはややこしい書名の本でも一意に特定できるので、例えば資格検定ものや学習参考書など似たような商品がたくさんあるものの区別に役立ちます。問い合わせを受けた際には、ISBNの書名記号の部分だけでも控えて棚に向かえば現品と突き合わせられますし、客注では発注の間違いや現品と突き合わせる際の取り違えの防止につながります。店頭ではお客さまと一対一で向かい合う機会が多いですが、客注のように「パス回し」が求められることも多く、誰が受けても伝わるISBNは活用したいところです。

一方注意すべきは、同一のISBNなのに内容が違う本が流通していることがある点です。原著の改訂版でたまに見られます。ルールでは内容に重要な変更が加えられた改訂版には新たなISBNを発番することになっているところ、原著と改訂版に同じISBNがついていて客注事故になったという話を聞いたことがあります。さらには絶版本についていたISBNが再利用された事例さえあります。出版者側の理解不足が原因と思われますが、異なる資料を区別できないことはISBNの仕組みを脅かしかねないため、出版者の方々にはルール（※）の遵守をお願いしたいところです。

※日本図書コードセンター発行「ISBNコード／日本図書コード／書籍JANコード利用の手引き」（https://isbn.jpo.or.jp/doc/08.pdf）

ISBNに随伴する、日本ならではの表示が分類記号と価格コードです。

裏表紙のISBNに続く、Cで始まる4桁の数字が分類記号です。俗にCコードとかC分類とも呼ばれます。1桁目が読者対象（ジャンル）、2桁目が発行形態、残りの下2桁がその書籍の分野と内容の情報を表しています。下2桁は図書館でおなじみの日本十進分類法（NDC）を参考にしたと言われますが、かなりの部分で違いが見られるので注意が必要です。

分類記号は返品時に役立ちます。返品時にある程度の仕分けを求める取次があり、その仕分けが分類記号に基づいているためです。

・99で始まるものは雑誌扱いコミックス
・その他の9始まりのものは雑誌（ISBNがあったと

しても）

- 2桁目が1のものは文庫（コミック文庫もここに含まれる）
- これに当てはまらないものは、すべて一般書籍（常備などを除く）

特に「雑誌扱い」は見分けづらいので役立ちます。雑誌扱いについては次の補講で詳述します。

価格コードは分類記号に続くもので、円記号（¥）またはPで始まり、Eで終わります。円記号で始まるものは本体価格、Pで始まるものは3%税込価格を表しています。客注で古い専門書を取るとP始まりのものが来ることがあり、バーコードもないことがあるので、レジへの打ち込みには非常に注意が必要です。また価格コードは5桁まで、つまり99999円までしか表示できません。10万円以上の商品と非再販商品では¥00000Eと表示されます。定価・頒価などの表示を見て適切に処理しましょう。

ISBNと分類記号、価格コードをまとめて日本図書コードといい、これを2段のバーコードにまとめたものを書籍JANコードといいます。書籍JANコードの表

C	1桁目 販売対象	2桁目 発行形態
0	一般	単行本
1	教養	文庫
2	実用	新書
3	専門	全集 双書
4	検定教科書 消費税 非課税品	ムック 日記手帳 カレンダー
5	婦人	辞典 事典
6	小中 学参	図鑑
7	高校 学参	絵本
8	児童	磁性媒体 など
9	雑誌扱	コミック

	3桁目	4桁目									
		0	1	2	3	4	5	6	7	8	9
0	総記	総記	百科事典	年鑑雑誌		情報科学					
1	哲学宗教 心理学	哲学	心理	倫理		宗教	仏教	キリスト教			
2	歴史 地理	歴史総記	日本歴史	外国歴史	伝記		地理	旅行			
3	社会科学	社会科学 総記	政治 国防軍事	法律	経済 財政統計	経営		社会	教育		民族 民俗
4	自然科学	自然科学 総記	数学	物理学	化学	天文 地学	生物学		医学 薬学		
5	工学 工業	工学工業 総記	土木	建築	機械	電気	電子通信	海事	採鉱 冶金	その他 工業	
6	産業	産業総記	農林業	水産業	商業		交通 通信業				
7	芸術 生活	芸術総記	絵画彫刻	写真工芸	音楽舞踊	演劇映画	体育 スポーツ	諸芸娯楽	家事	日記手帳 カレンダー	コミック 劇画
8	語学	語学総記	日本語	英米語		ドイツ語	フランス語		外国語		
9	文学	文学総記	日本文学 総記	日本文学 詩歌	日本文学 小説		日本文学 評論随筆		外国文学 小説	外国文学 その他	

示場所は、一般の書籍であれば裏表紙（厳密には表4《ひょう》といいます）の上部の背側、ムックであれば下部の小口側と決まっているので、これを知っておくとレジやハンディターミナルでの作業効率向上に役立ちます。

第6講

本が傷むことをしてはならず

●面陳
●什器
●90度
●隙間
●あんこ
●POP
●パネル

面陳するなら必ず90度を作る

──今回は本の陳列方法についてひと通りお話を伺おうと思っていまして。

矢部　はいはい。

──これまでに棚整理と平積みの話をやっているので、もっと細かい陳列についてですね。例えば面陳の仕方だとか、あんこの使い方だとか、ＰＯＰのこととかまで伺えるといいなと。まあいま言ったのは、全部矢部さんの嫌いなものなんですけど（笑）。

矢部　ほんとに（笑）。

──矢部さんが書店員になった頃というのは、本屋の陳列といえば平積みか棚差ししかないという感じでしたか。

矢部　そうでした。面陳なんていうのはなかったよね。

──雑誌がラックに差してあるくらいでしたか。

矢部　そうね。

──僕が八重洲ブックセンターでアルバイトしてた頃……それももう30年近く前になるんですけど、その当時もやっぱり面陳というのは禁じ手みたいな雰囲気がありました。矢部さんの渋谷のパルコ時代もまだ面陳というのは一般的じゃなかったですか？

矢部　渋谷店の頃はそろそろやってましたね。大きな柱が文芸書に2本あって、それを太らせて面陳什器を柱4面に5段ずつ設置してありました。新聞書評コーナーにしたり、文学賞受賞作とか並べてました。でも普通の棚の中に面陳することはなかったな。恥ずかしいことだと思ってた。

――面陳が増えていったのは、売上が下がってきて、お店の在庫を減らすような流れが出てきたあたりと共存しているような気もするんですが。

矢部　渋谷店にいたとき、会社が変わったタイミングで、在高が多すぎるので在庫を減らすように言われました。そう言われても、ストックは空っぽなのにどうしろっていうんだって思ったら、棚にある本を返品するようにという指示が来て、そういうことかと（笑）。

――そのスカスカを隠すために……。

矢部　その時に会社からお手本にすべしと言われたお店を見に行ったら、棚の最上段全部に本が全く差してなくて、棚1段に1点ずつ面陳してたのね。おお！　って目に鱗がいっぱいくっついちゃう感じでした（笑）。

――見たくないと（笑）。

矢部　衝撃でした。

――矢部さんが面陳を嫌うのは、やっぱり本が傷むのが嫌だというのがあるんですか。

矢部　そう、それだけ。傷まなければやります。

――普通の棚に面陳すると、本がつま先上がりになってしまうわけですよね。

矢部　背板に立てかける形になるよね。そうすると、本は必ず歪みますすね。とくにハードカバーとか、厚い本だと相当ねじれちゃう。

――小口の方がヨレるというか……。

矢部　ものすごく嫌だなあ、そういうの。

――でも面陳した方が本が目立つから売上って上がるんじゃないですか？

矢部　そんなことないと思います。

――ないんですかっ!!

矢部　いやいや（笑）。もちろん目立つし、絵としてインパクトはあると思いますよ。

――看板みたいなもんですかね。

矢部　そうそう。例えば天井まで面陳にしてる本屋さん

本が傷むようなことをしてはいけない

もあるけど、そもそも手に取れない場所ならそれは販売用じゃなく、大きな看板として目を引く働きですよね。なんだか本に失礼な感じがする。まあそれは常識外だとしても、倉庫に置いておくよりは在庫の効果的な使いかたとしてはまあるかも。それは自分でもやってましたから認めます（笑）。

――でもやっぱり棚に差してある本を面にしたほうが売れるんじゃない？　みたいな考えはないんですか。

矢部　それは目的が違うというか、棚の本が売れないから棚の商品量を減らしてその分面陳しようみたいな感じもあるんじゃないかな、今はとくに。面陳だったら在庫1冊でもできるけど平積みはそうもいかないものね。

――ああ、なるほど。

矢部　あとね、スラント什器っていうのかな、棚下ストッカーや平台のない、床まで棚だけの什器があるでしょ。棚下ストッカーがないってことは、棚に入らない本は倉庫へ持って行くことになるよね。そしたら、なんとか棚に入れちゃいたくなるでしょ。そのときのために、そもそも面陳を多くしておくってことも、もしかしたらあるんじゃないかな。例えば目線の1段とか。

――えっ？　どういうことですか。

矢部　もう棚に入らないっていうときに、面陳してある1点をやめて棚差しにして、今入ってきたこの本も隣に差しちゃうとかね。1点の面陳分のスペースで棚差しを数点数冊できるわけで、返品の判断や倉庫に持っていく手間も省ける。なので、もともと面陳を多くしておくとか。余白のようにして使っていたんですね。

矢部　確かに棚の本が売れてないという状況はあります。寂しいけど。その棚差し1段の中に突然1点面陳が立ったら目が止まってその棚1段が立体的に見えてくるよね。そういう効果は確かにある。

――面陳を増やせばそれだけ売れるって感覚はないんですか？

矢部　うーん。そんな単純かなあ。店全体のバランスというか強弱ではあるけれど。

――でも例えば矢部さんが今の普通のお店に行って、棚というか什器はたくさんあるけども在庫は少なくしなきゃいけないから面陳せざるを得ないみたいな状態だったらどうされますか？面陳はやるだけやりますか？

矢部　そんなに在庫を減らしたいんなら、什器を捨てた方がいいと思います（笑）。それに、本屋としたら、在庫を減らすための面陳じゃなくて、より売るために面陳したいよね。理想を言えば、すてきな面陳用の什器に入れ替えたい。少ない在庫量でも効果的に面陳できて、商品を傷めない設計で、お客さまも店員もストレスなく本を出し入れできて、本のサイズに合わせて棚板も変えられるお洒落な什器。既存の棚の中に組み込めたり、連結できたり自由自在。本屋はみんなしうと思います。ヒットするよね（笑）。

――我々で開発しましょうか（笑）。

矢部　普通の棚板と入れ替えて使う、面陳用の棚板というのは店にもありました。ダボっていうの？　あの棚板を両端で支える金具みたいなの、これを専用のものに付け替えて使えば、この1段が面陳できるようになるの。

――改造するわけですか。

矢部　それとは別に、普通に使っている棚板が面陳什器に変身するタイプもあって、棚板を背側に斜めに立ち上げて、手前側にはL字型のストッパーを取り付けると、あら不思議、面陳什器の出来上がり。丸善にはちゃんとした面陳什器がありましたね。通常の棚に設置できて、奥行きも十分でとても使いやすかった。

――面陳をする商品は特別売れそうなものとか、売りたいものを並べていくものなんですか？

矢部　そうね。売れそうな本だったのに1冊しか入ってこなかったとか、そういうものを、とりあえず1冊でもいいから目立たせるために面陳しておくってことはあるかもしれない。

――はい。

矢部　でもね、棚の中に1段、面陳コーナーを作っちゃう場合は、そこと棚下平台の使い分けをちゃんと考えておかないとね。

――意味付けが重なっちゃうわけですね。そういう場合はどうされるんですか？

矢部　ワタシならそんなときは、面陳には、最新刊が出た著者の既刊や、関連する内容の本とかを並べて、ごく小規模なフェアとして使うと思います。文芸書の平台は、いま棚に合わせて作家名の五十音順で並んでる場合が多いでしょ。しかも棚下は比較的新しい本を平積みするから、例えば誰かが文学賞を獲ったときに、その本と一緒に受賞者の既刊や他の候補作、前回の受賞作とかを陳列するには、棚の中の面陳コーナーの方がうまく使えそう。棚下平台との使い分けもできて、お客さまにも親切な気がする。そういう5、6点のフェアってすぐできるし、楽しいよね。

――面陳で本を置くときの注意というのは、指が一本くらい入る隙間を空けて並べたりするんですか。

矢部　棚1段を面陳にするんだったらそうね。

――じゃあ普通の直角の棚に面陳する場合はどうするんですか。

矢部　えー、それはそもそも、その棚に面陳してはいけません。専用の面陳什器もなく、やむなく通常の棚に面陳したい場合は相当工夫しないとね。

――でも、普通の棚に面陳しているお店多いですよね。

矢部　そうなのよ！

――これだけ面陳が増えているということは、本が傷むなんて気にしてないのかもしれませんね。

矢部　えー。

――ただしお客さまは、僕が見てる限りでは、平積みだったら上から2冊目、3冊目のものをたいてい抜いてレジに向かいますよね。ということはやっぱりきれいな本を選んでるわけで……。

矢部　同じ買うなら当然きれいな方にするよね。

――本が傷まないように本を並べるにはどうしたらいいですか。

矢部　はい、よくぞ聞いてくれました！　平積みと違って、面陳はすごーく気を遣います。通常の棚の中に面陳する場合、棚板と背板が90度になるようにします。本の造りと同じ、直角です。いいですか、ここ重要です、試験に出ます（笑）。90度が確保できないときはやりません。

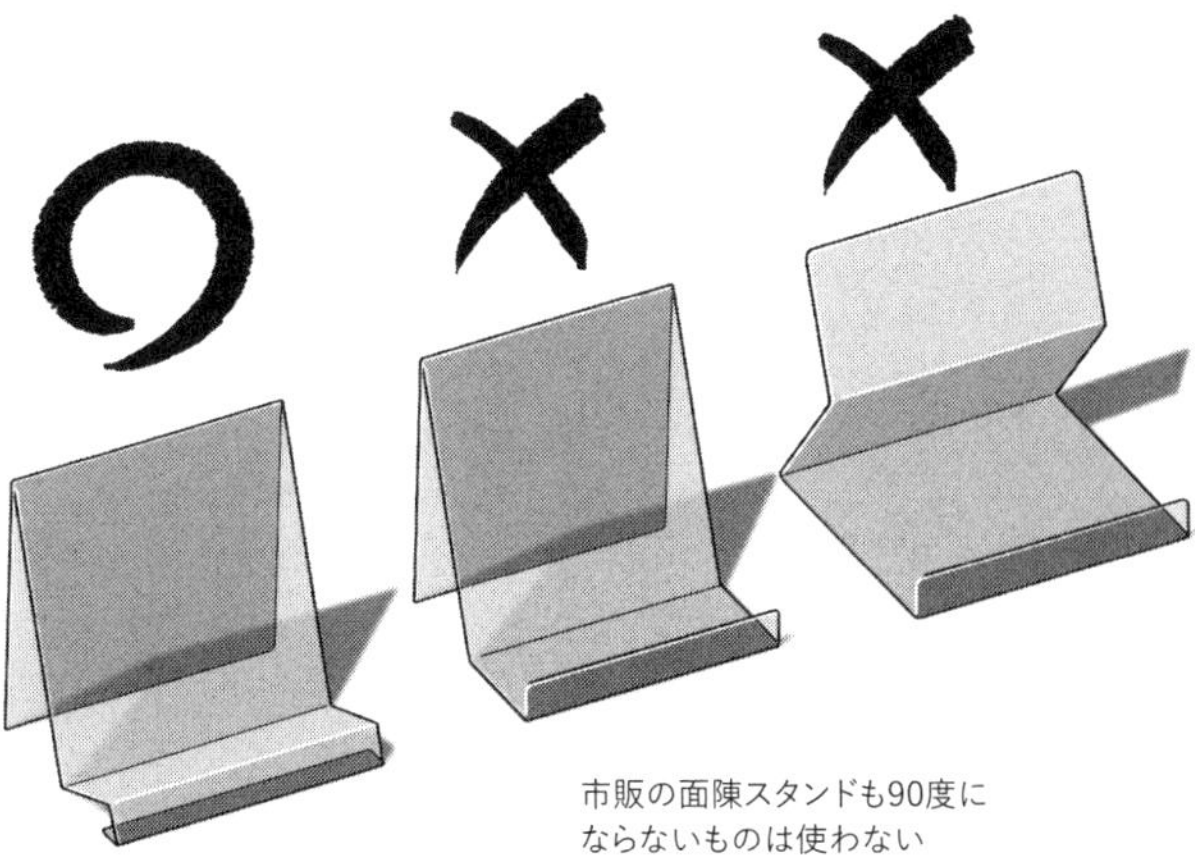

市販の面陳スタンドも90度にならないものは使わない

――あ、もうやらないって決めてたんですか。

矢部　やりません。面陳スタンドも90度にならないものは使ってはいけません。

――きっぱり。

矢部　そんな本を傷めるような陳列してる人がいたら、叱らないといけません。

――学校で、上履きのかかとを潰して歩いてる生徒を見たら叱るようなもんですね。なんかあったとき転ぶからやめろっていうみたいな（笑）。

矢部　そうそう、別に格好良くないぞって（笑）。本が落ちちゃうしね。

――落ちたら、落ちた本と落ちたところに置いてあった本の両方が傷みます。

矢部　本の傷は修復できないもの。

――でも、けっこう高い棚なのに平気で面陳してるお店ありますよね。

矢部　ちょっと怖いよね。落下防止のためか、本が滑らないように、百均で売ってる滑り止めのシートみたいなのを敷いたりしてるのも見かけるでしょ。でも滑り止めのシート自体がくにゃくにゃ動いたりして、その努力のわりにはきれいに見えないし、お客さまも結局手に取るのをためらうと思う。

――本の雑誌社も神保町ブックフェスティバルの販売で、カラーボックスに面陳してみたら本が滑っちゃって、なんだか朝礼で貧血起こして倒れていく子みたいにパタパタ倒れちゃいました。

だから、やっぱり百均でゴムの編み編みのマットみたいなのを買ってきたんですよ。そうしたら今度はその編み編みが滑るんで、しょうがないからテープで留めてみたんですね。

矢部　考えることは一緒だ（笑）。

――これで一件落着かと思ったら、本を取り出すとき編み編みに引っかかって、すごく傷んじゃった。

矢部　そうでしょ。

――これはもう、どうやってもダメなんだと思って普通の棚差しにしました（笑）。いま矢部さんが在庫もあまりないお店で、面陳できるような専用什器もなくて、いわゆる普通の棚しかないようなお店にいたら、その棚ってどう使いますか。もう、開き直ってポスターでも貼っちゃいますか。

矢部　さすがにそんなことはしない。本の傾きに合わせた90度をなんとかして作りだして、面陳します。

――どうやって作るんですか？

矢部　方法としては、まず棚板は手前のラッチをひとつ上げて反らせるよね。

――棚板に角度を付けるわけですね。

矢部　次は、その手前側を上げた棚板と後ろ側の背板を直角にしないといけない。

――でも背板は可動しないわけで……何かをかませるんですか。

矢部　そう。店に都合よい形のものがあればいいんだけど、たぶんないので、いつものあんこ棒を持ってきます。それを本の後ろ側に1本入れるのね。これで背板側は直角になりました。と言っても、本の高さに対してあんこ棒の高さではだいぶ足りなくて不安定だし、そもそも70度くらいのところにあんこ棒で90度にしようとしているわけだから、あんこ棒の後ろ側も安定しない。まだダメですね。

――ダメですか？

矢部　まだまだ（笑）。今度は棚板を1枚持ってきて、あんこ棒と本の間に入れます。

――棚板を入れる？

矢部　あんこ棒だけじゃ高さが足りないから、支えが弱いというか、本の上側を押したらすぐ本が引っ繰り返っちゃう。だから高さを確保して本を安定させるために棚板を入れるわけね。でもね、まだ70度のところに90度を置いてる不安定さは解消できてないでしょ。本の下側を押すとあんこ棒ごと奥の背板まで入っちゃってズレる。什器の背板とあんこ棒が固定されていないからね。そうすると、またここが90度じゃなくなっちゃうわけ。だからあんこ棒を安定させるために、苦肉の策で、棚板の留め金具を噛ませてました。この金具を左右2ヶ所くらいに置くと、あんこ棒が安定して、お客さまが本を取ろうとしたときに、什器が動かなくなるよね。全て店にある備品で工夫します。もう本当に我ながら涙ぐましい（笑）。

――すごい。まずつま先を上げるのが第一段階。

矢部　そうね、そこまでは誰でもするよね。

――背中にあんこ棒を置くっていうのが第二段階。

矢部　第三段階は棚板も置く（笑）。ここは棚板じゃなくても、余ってるスチレンボードで工作してもいいと思います。棚板だと重たいからね。

――最後は留めの金具（笑）。いやーすごい、こだわりです。

矢部　あんこ棒の厚みも加減しないといけないよね。うんと大きいあんこ棒だったら、面陳が1冊しかできないとかになるわけね。

――半分落ちかけていたりして。

矢部　それに今この本の背に当ててる棚板はスチールの板だから、重たくてさらに危ない。

――落ちたら大変なことになっちゃいますね。

矢部　本が落ちた後にこの棚板も倒れてきたら危険です。だからやっぱり棚板はある程度奥にあってほしいわけ。

――そのためのあんこ棒の幅っていうのが工夫されるわけですよね。

矢部　そうそう。手頃なやつが欲しい。それとね、面陳したときの本の隙間は均等になっててもらい

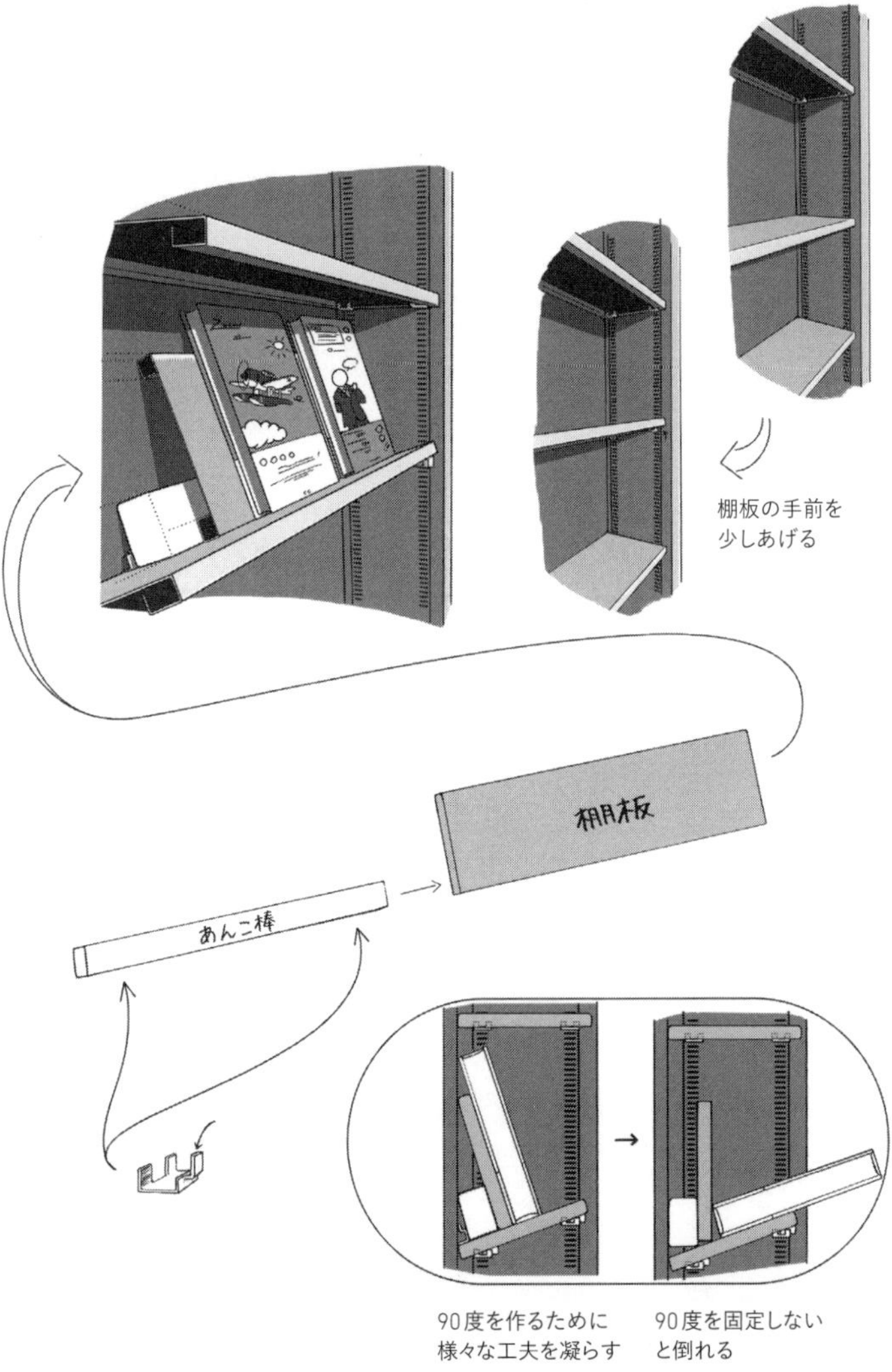
棚板の手前を
少しあげる
棚板
あんこ棒
90度を作るために
様々な工夫を凝らす
90度を固定しない
と倒れる

たい。

――えっ？　どこの隙間ですか。

矢部　本の上と棚板の隙間。判型によって棚板の位置を変えるってのはよくやるでしょ。面陳でも同じことを気にしてもらいたいんだな。例えば小さい本を面陳したらその上の隙間も狭くしてもらいたいし、大きい本になったら広くしてもらいたい。

――なんでそんなことまで気にするんですか?!

矢部　美しいし、思わず手が伸びるでしょ？

――そうですけど……。建築家みたいですね。

矢部　そもそも本を取りやすくするには、本とその上の棚板の間に適度な隙間が必要ですよね。

――棚板ギリギリになると手が差し込めませんもんね。

矢部　それに、ギリギリになっていると、上の棚板の影で表紙が暗がりになっちゃって、本のタイトルも見にくくなっちゃうよね。逆に、空き過ぎてるのも間抜けだから、棚1本を見渡して、バランスよく棚板の位置を調整したいんだな。それで、いつも棚板をがちゃがちゃ変えてたわけ。

――矢部さんが棚板変えるの速いのは、そのせいだったんですね（笑）。

矢部　まあそう（笑）。棚板の填めるところが歪んで壊れちゃったことはある（笑）。

――ははは。そうそう変えるようには作られてませんから。じゃあ、ここらで面陳する際のルールを整理すると、90度を工夫して確保できた場合、真正面から見たときには本と本の間に指1本くらい入るように隙間を作るんですか？

矢部　隣の本との間？　最低指1本分あけて、その上で棚1段の中のバランスを見ながら均等に置きます。

――やっぱり建築家ですよ！（笑）。

矢部　90センチ幅の三尺棚で四六判ハードカバーの場合、棚下平台は1列6点くらい積めるけど、棚の中は、当然だけど5点くらいだよね。

――そうか、内径になるわけですもんね。

矢部　それが棚1段に均等に陳列されて欲しいなぁ。それでできれば両端の2点は左右の棚につけてもらいたい。少しでも動かないようにしてもらいたいからね。

――へえ。

矢部　あんまりピタッとなっちゃったら、もう1点抜きますね。

――本と本がですか？

矢部　そう。隣と噛まないようにね。でも、均等にして空き過ぎちゃったら、面陳と面陳の間に本を差したりするかな。それだけの奥行きがあればね。

――隙間を空けてるお店少ないかも……。

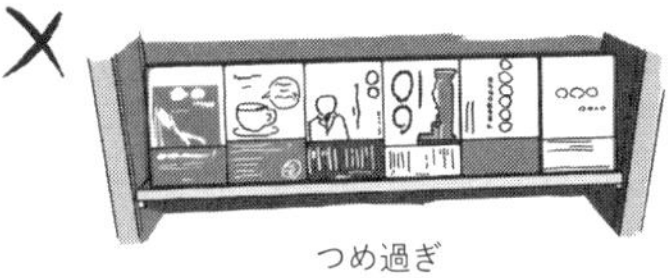

つめ過ぎ

間隔がバラバラ

上面に手が入らない

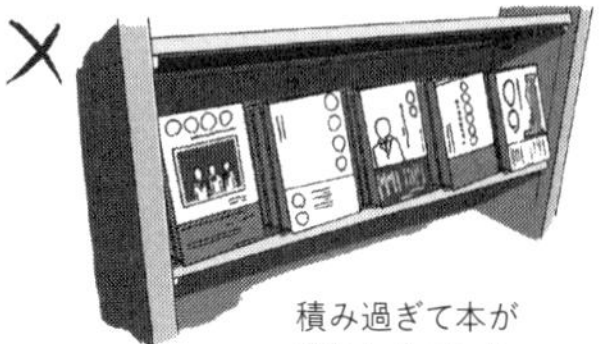

積み過ぎて本が
落ちかけている

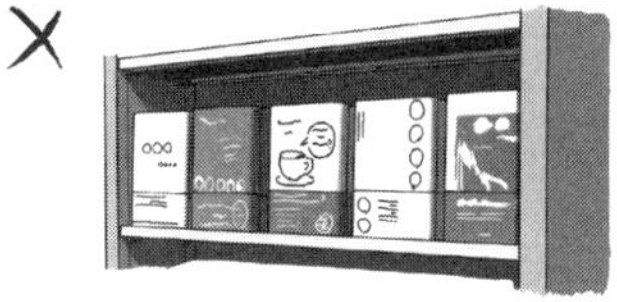

立ち過ぎ

面陳は両端をつけ、等間隔に並べる

矢部　本当？

――全部ぎっちり入ってません？

矢部　それ、手に取る？

――うーん。倒さないかドキドキしながらですかね。

矢部　ストレスじゃない？　取ろうとして落としちゃったら、拾って、またそれを置かなきゃいけないかもって無意識かもしれないけど考えさせちゃう。ということは、買わないわけでしょ。

――確かに10人中1人は買わないかもしれません。

矢部　いやいや、そもそも10人中9人は手に取らないと思います。だからね、お客さまが本を取りやすいかどうかをまず考える。そしてもちろん本を傷めないようにすること。

――しかも、美しいかどうかも。

矢部　そうそう！　美しいと、つい買っちゃうと思うな（笑）。

あんこは見せてはいけないものだった

――面陳の次に伺いたいのが、あんこなんですよ。面陳をふかすあんこ棒じゃなくて平台のあんこ。最近、あんこが堂々と見えている売場が多いじゃないですか。

矢部　ちょっとびっくりしますよね。

――僕がアルバイトしていたとき面陳と同様にあんこなんてしなかったし、見えてたら怒られてたと思うんですよ。配本が少ないのと在庫減らしているのが理由だと思いますが、ほとんどのお店にあんこがありますよね。矢部さんはあんこの使用というのは?

矢部　最初は、あんこなんて誰もしてなかったし、自分でも考えもしませんでした。渋谷店のときに、大きなエンド台や新刊台があって、最奥の3列目とか4列目の本を入れ替えるのが大変だったのね。そのとき、棚板を5枚くらい重ねてあんこにして使いました。

――棚板を平台に敷くわけですね。

矢部　そうです。棚板を5枚くらい結束機で縛ってね。あったでしょ、どこの本屋さんにも、結束機。

――返品する段ボールを留めたりする。

矢部　そう。あれで棚板5枚くらいをカチョン、カチョンって2ヶ所縛って、巨大あんこを作りました。すごーく重たいの。平台の上に上げられないくらい。

――そりゃあ、そうですよ（笑）。

矢部　それにね、今度は紐の結び目がちょっと気になるのね。結び目の上に本が載ると、ちょっとだけど傾いて安定しないし。

――靴の中に石が入ってるみたいになってる（笑）。

矢部　そうそう。なので、今度は棚板を養生テープでくるくる巻いてみました。結び目はなくなったけど、それでも平台の上でやっぱり動くんだ。棚板同士もズレていくし。

――平台に固定するわけにもいかないですものね。

矢部　おっしゃる通り。

――平台に置くのは、周りから見えないところに置くんですか？

矢部　もちろんです。平台の最奥にその巨大あんこを置

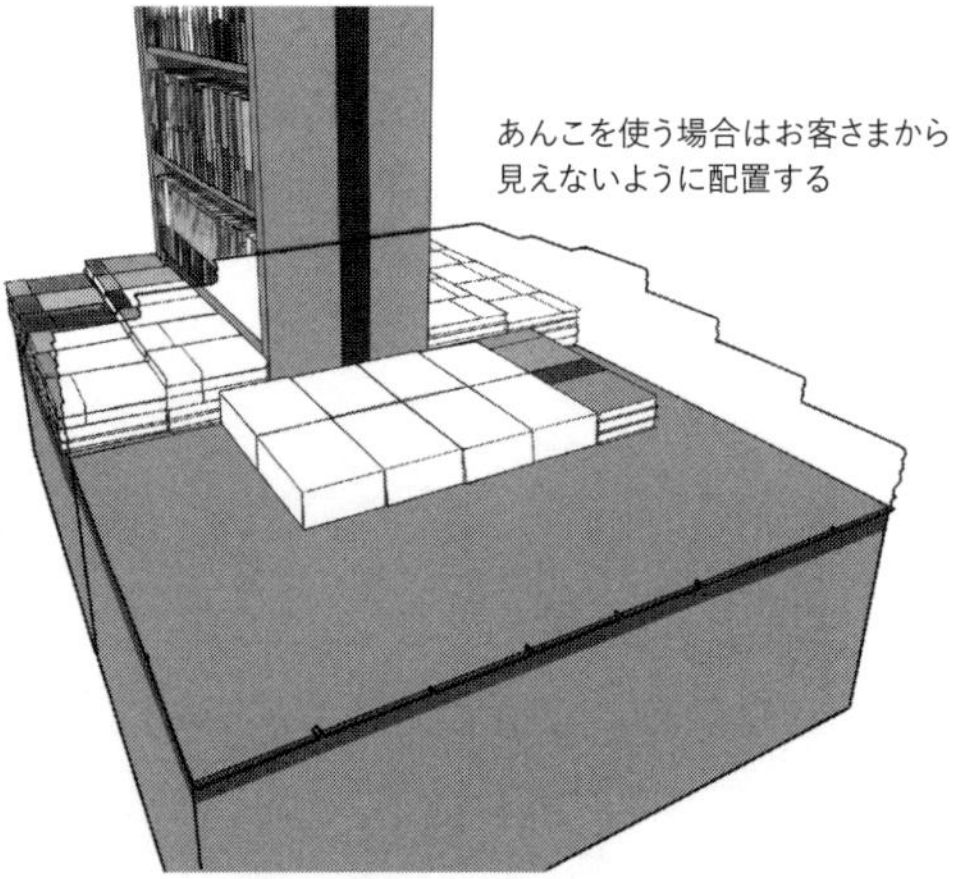

あんこを使う場合はお客さまから
見えないように配置する

くでしょ。でもお客さまからは見えないようにしたいので、あんこは中央寄りに置きます。少なくとも両端の本は、あんこに載せないのね。でもね、棚板は幅77センチくらいで、当然だけど、そのとき置きたい本とぴったりっていうことはないよね。ちょっと余るか足りないか、ね。気になりますか？

矢部　当然ですね。両端の本があんこより高く積まれると上の数冊が内側にズレたりね。あんこに載ってる本の天地が棚板より小さかったら、平台手前側から押されてズレちゃうこともあるでしょ。

――あんこが大き過ぎたらあんこの板が見えちゃうし……。

矢部　いずれにしても、実際の本の判型とぴったりになるわけなくて、ズレて当たり前なので、手直しも頻繁で手間がかかります。

――でもこんなこと言ったら叱られるかもしれませんが、いま売場にいる人からしたら、何をそんなにあんこを隠そうとするんだ？って話になるんじゃないですかね。

矢部　そうなの？　なんであんこを隠すかって言ったら、そもそもお客さまが見る必要のないものだからなんだけど、本がないのねって思われたくないからだよね。売りたくて平積みしてるんだろうに、平台に更に台とか積み上げちゃって、かわいそうに本が入らないから苦労してるのねって思われたくないって。

――あんこ、こんなにやってますっていうのは、恥だ、と。

矢部　あんこ自慢してどうするって（笑）。本屋なのに平積みするのに十分な量の本を確保できないんですって言ってるように見えちゃうと思いました。

――あんこを見えないようにするにはどう工夫したらいいんですか？

矢部　やむを得ず使う場合には、平台の内側に入れるしかないと思います。使い心地の悪い棚板製あんこと格闘しているうちに、10年前くらいかな、本の判型別の段ボール製あんこができました。

――今でもあちこちの本屋さんで使ってるのを見ますね。

矢部　ワタシたちが使っていたのは四六判が3点積めるやつ。

――完璧じゃないですか。

矢部　まぁ完璧。組み立てられるようになっていて、使わないときはペシャって畳めるの。使うときは起こして蓋の部分をはめ込むと箱状になって、四六判用、新書用、文庫用がありました。

――あれは大発明だったんですね。

矢部　そう。実際の本と合わない事態は変わらずあるんだけど、まぁ我慢できます。それに安いからたくさん買えるし、明らかに棚板担ぐより軽い！

――ははは。例えばですけど、売行きが良くて残り2冊になっちゃったんだけど、新刊台に置きたいんだよってなったときは、どうするんですか。あんこして置くんですか。

矢部　見えるところにあんこは絶対しないですね。

――冊数が少ないときはどうやって新刊台には置いておけばいいですか。

矢部　新刊台の最前列や角なら、少ない在庫でもそれほどおかしくないから、そのままそこに置いて売ります。最初から2冊しか入荷してなかったらそれは別だけど。

――いやしかし、なんで、あんなにあんこしてるんでしょうね。

矢部　本屋によっては平台に積んである本の高さを絶対に一定にしたいっていうルールがあって、そういうのならわかるのね。

――左官屋さんみたいに平らにならす平積みの方法もありますからね。

矢部　なんであんこ使うかっていったら、お客さまが本を手に取りやすいように、それに売れる並びに無理なくするためにってことでしょ。もし高さ的に不足してるなら、45センチの平台は捨てて、60センチとか90センチの平台を新しく買ってもらおう。

――沿線の小さなお店にいらしたときに、配本3冊とかだったら3冊積むんですか？

矢部　あのお店は高さ45センチのエンド台だったけど、3冊でも平積みしてましたよ。巨大な平台だったけどね。

――何十面も積めるような大きな平台でした。

矢部　その巨大エンド台の上に更に高さ15センチくらいのスチールの台をもう一台載せてひな壇にして、単行本の新刊を積んでました。三方向でジャンルを分けて載せてね。

――あんこを3つも4つも重ねて高さを出すことはしなかったんですか？

矢部　しませんでした。それまでは、だいぶ段々になってて棚田状態だった。

――矢部さんはそれであんこをせず普通の高さにしたわけじゃないですか。それで売上が落ちたりしないんですか。この店、本が手に取りにくいなとかって。

矢部　それはないでしょ。売上も上がったからね。平台のせいだけじゃないかもしれないけど。

――そこを気にするなら別のところを気にしたほうがいいってことなんですかね？　品揃えとか発注とか。

矢部　お客さまが手に取りやすい平台や棚を作るのは、本屋として最優先事項です。あんこを入れることで、それが実現できるならそれもありなんだろうと思います。あの郊外のお店で、たくさんの段々状だった新刊台を2段程度にしたのは、お客さまが手に取りやすく、売る側も品出ししやすく、掃除しやすくしたかったから。そういうことも含めて、何よりもお客さまの使い勝手のいいお店にしていかないとね。

――あんこをいっぱい使ってる人は、あんこを入れたほうが使い勝手がいいと考えているんじゃないですかね。

矢部　そうかもしれない。入荷量が少なくても平積みができるとかね。それはもちろんわかります。でもね、あんこをお客さまに見てもらう理屈はないし、あんこがなくても手に取りやすい平台は作れるよね。

――そうですね。言われてみれば裸のマネキンが立ってるようなもんですものね。

矢部　裸に帽子だけ被ってる感じ。あんこの上にさらにスチレンボード載せたり、あんこ自体を何個も重ねた複合技になっている場合もあります。

――見かけますね。

矢部　高さを揃えるためだったら、低い方に合わせて揃えればいいんじゃないかしらね。

――あるいは注文したほうがいい。

矢部　そうだ、注文したほうがいいよね（笑）。

――例えば、新刊が20冊入荷して、1冊棚に入れて3冊は棚前に平積みで残り16冊になるじゃないですか。その16冊を目立たせたいために4面とか8面で面陳しようとしたら、1列2冊とかになっちゃうじゃないですか。そのためにはあんこを入れる必要がありますよね。

矢部　8面の必然があるのなら、そういうことになりますね。

――2冊で8面にするっていう発想自体、矢部さんからしたらないんですか？

矢部　さすがに2冊ずつ平積みっていうのはないでしょ。16冊だったら4冊ずつ4面でやるかな。4面あればとりあえず目立つし。

――そこに8面にするためにあんこ入れるっていうのはないですか。

矢部　それでも入れないと思う。追加注文するんじゃないかな。それに、せっかく平台の積み方のルールを作って、一目で在庫数の見当をつけやすくしてるのに（※P33参照）、あんこをあちこち入れたら、わからなくなっちゃうってこともある。

――ああ、そうですね。どれだけあるのか一目瞭然にして把握しておかなきゃいけませんもんね。そもそも平台を整理する時間がとれなくなっているかもしれません。

矢部　でもPOPは立てるんだよね。

――あっ、そうですね。

矢部　POP立てるのも、積んである本ずらしてスタンドに挟んで立てて、また積み直さないといけないから、それなりに手間だよね。

POPを立てるなら後ろの本が死なないように気をつける

――ついにPOPの話が出てきましたね。矢部さんはあんまりPOPがお好きじゃないんですよね。

矢部　はい、実は（笑）。

――理由はなにかあるんですか？

矢部　というか、付ける理由のあるPOPは付けます。でも、そういうPOP多くないよね。

――出版社の作るPOPの多くは帯や表紙のまんまだったりして、あれはまったく意味をなしてないと思いますね。

矢部　それ以外の情報をのせないと意味がないと思う。○日のテレビでこんな風に紹介されたとか、発売後○○文学賞を受賞したとか、表紙と帯だけでは伝えきれない情報があるのであればPOPで知ら

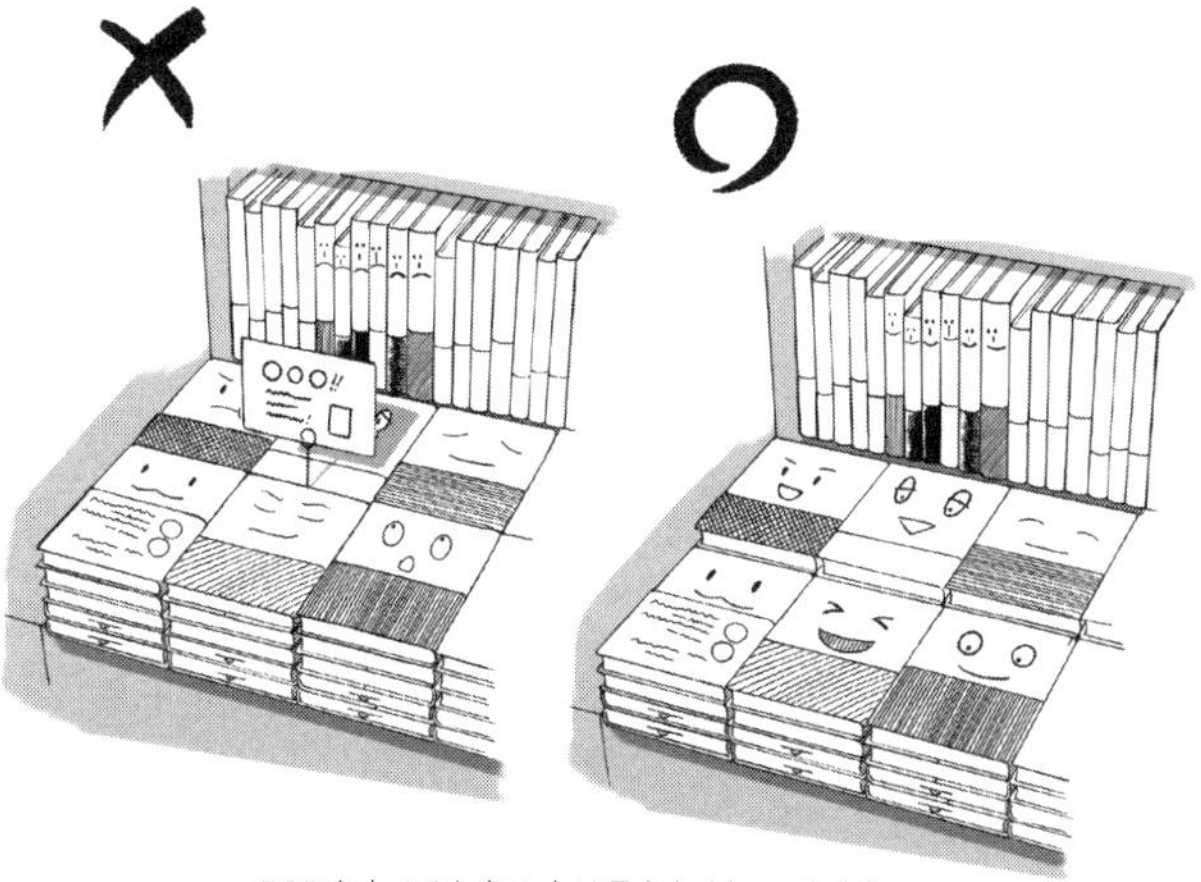

POPを立てると奥の本は見えなくなってしまう

せる価値はあると思うけど、ないならそんなに無理しなくてもいいんじゃないかなと思いますね。それにPOP立てる用の針金、トンボが本にダメージ与えることもあるし。

――あっ、一番下の本にPOPスタンドの痕がついたりしますね。

矢部　そう。針金が当たるところね。あとね、POPをつけるとなるとその本を平台のどこに置くかを真剣に考えないといけないよね。POPの後ろに置かれた本は死んじゃうこともある。

――死ぬ……。

矢部　POPが邪魔して、その後ろの本は見えづらいし、お客さまが手を伸ばす進路を妨害することもあるよね。

――はい。目隠しになりますよね。自社本の前にPOPが立っていたりするとむしりとりたくなり

同じ本を多面で積んでいるときはPOPも可

ます……。

矢部　でしょ。立てても問題ないのは、同じ本を多面で積んでるときね。

——他の本への被害はありません。

矢部　あとは、著者が店名入りで書いてくれたＰＯＰとかは、きちんと設置しました。

——『白い犬とワルツを』が手書きＰＯＰから大ベストセラーになったことがあったじゃないですか？

矢部　ありました。あれはたしか千葉の本屋さんのＰＯＰから始まって売れたんだよね。

——そのときに、それ一枚でそんなに売れるならおいしいじゃないか、どんどんＰＯＰ立てちゃえとか考えなかったですか？　僕だったらすぐ真似しちゃうかも。

矢部　考えなかったたし、だいたいそんな気の利いた文句を書ける人なんてそうそういないでしょ？

——はい……。本の帯ですら苦労しています（笑）。

矢部　ちょっと違う話かもしれないけど、自分が読んだ感想をＰＯＰに書くというのもやったことないんだよね。この本すっごく面白かったって思ってもね。

——それはなんでですか？

矢部　だって関係ないじゃない、ワタシの感想なんて。世の中の人には。

——ふふふ。

矢部　うっかりPOPにして、売れても売れなくてもなんか恥ずかしい。まあ、今はSNSでみんな気軽に感想を上げたりしてるから、あまりそうは思わないかも知れないけどね。でも、本屋がそれやるか？って思ってました。

――それで最後までことさらにPOPを立てたりはしてこなかったわけですね。

矢部　そう、それもあってね。

――その分の手間を他のところに掛けた方が良いという判断ですか。

矢部　そうですよね。それより棚の90度を確保するためにあんこ棒を探しに行ったほうが良いだろうと（笑）。

――あはは。POPを立てても立てなくても売上は変わらないだろうと考えてました？

矢部　ずっとそう思ってましたが、さすがに最近は「変わることもあるかも」と思い始めました。

――思うようになりましたか（笑）。

矢部　もう間に合わないけど（笑）。気の利いた惹句というのはやはり効き目があったかなって。

――POPも矢部さんが以前おっしゃっていたゾーニングの話と一緒で、急に立てて売れるとか、どこかで流行ったやつを持って来て売れるかというとそういうわけでなく、長年いろいろと棚を作ってきてその書店とお客さまの関係の上でですよね。この書店はこういう本を好んで置いてますよというのを確立した上での一枚なわけじゃないですか。

矢部　そうなんだよね。場所が育っていれば、それがいちばんだとも思うしね。その上で、本当に訴えたいことのあるＰＯＰがあるといいよね。

――はい。

矢部　他の本を邪魔しないようにして。

――そこが大事なんですね。

矢部　大事です！　今でも、ＰＯＰを軽くどかしながら後ろの文庫見てます。

――密林を進む探検隊のようですよね。おい、その後ろにどんな宝物の本が隠れているんだいと。下手したらＡ４サイズのパネルが立っていたりしますよね。後ろの本４冊分くらいが死んでますよ。

矢部　自分の身幅を考えなさいって言いたくなる（笑）。そういえば、文庫担当で毎日ＰＯＰ書いてる子が何人もいました。日課にしていたのかな。

――おりますよ、そういう書店員さんは。

乱立しているPOPが邪魔をして多くの本が見えなくなっている

矢部　字がとっても上手でね。文庫担当って本屋でいちばん忙しいと思ってたのに、どうしてできるんだろうって不思議でした。

――以前、矢部さんが書店員は棚に癒されるって話されてましたけど、今はＰＯＰや装飾で癒されるというのがあるんじゃないでしょうかね。そしてそれをＳＮＳで拡散してたくさん「いいね」がついたり、リツイートされたりして。

矢部　ああ、なるほど！　それはあるかもね。棚でモノ言うジャンルの担当は棚に癒されるけど、文庫担当だと棚に癒される率は低めなのかもしれない（笑）。

雑誌いろいろ――雑誌コードと派生商品

ここでは雑誌コードと、実務上雑誌とされる商品について解説します。

日本国内での雑誌流通に使われているのが雑誌コードです。こちらはISBNとは異なり、国際規格ではありません。雑誌コードの歴史は古く、1954年に東京出版販売（現・トーハン）が社内処理用のコードとして制定したのが始まりで、それを元にして1978年に日本出版取次協会が現在のコード体系を定めました。ちなみにISBNの雑誌版としてISSN（International Standard Serial Number）というのもありますが、日本国内では学術雑誌を除いてあまり使われていません。

雑誌コードは誌名部分を意味する5桁のことをいい、号数の2桁と合わせた7桁で扱われることが多いです（左ページ図）。誌名部分のうち上1桁は刊行形態を表します。下1桁は刊行形態によって意味が変わり、月刊・隔月刊・季刊誌では奇数が通常号、偶数（奇数＋1）が本誌の増刊・別冊を表し、週刊・隔週刊・月2回刊誌であれば1から5が発行週、6〜9が増刊・別冊を表します。号数部分の2桁は雑誌であれば発行月が表示され、コミックス・ムックは通巻が表示されます。週刊などの

雑誌コード　雑誌 12345-01

（12345＝雑誌コード、01＝号数）

形態	種目	形態	種目
0	月刊　隔月刊	5	コミックス
1	季刊	6	ムック
2	週刊　隔週刊	7	オーディオ商品
3	月2回刊	8	直販誌
4	コミックス	9	予備

形態が	末桁が	意味
0か1（月刊など）	奇数	通常号
	偶数（1を加えた数）	本誌の増刊
2か3（週刊など）	1から5	通常号
	6から9	増刊号

定期刊行物コード（バーコード）

【例】
雑誌コード12345
2011年1月号
本体価格476円

4910123450117　00476

491＝定期刊行物識別、0＝当面ゼロ、12345＝雑誌コード、01＝号数、1＝西暦発行年下一桁、7＝検査数字
0＝当面ゼロ、0476＝本体価格（アドオンコード）

場合は発行日も表示されます。このように雑誌コードはＩＳＢＮと比べて意味づけが複雑です。複雑さの一方で「発行年」の情報が欠けているため、雑誌コード単体では雑誌の号数を特定できません。

　そこで現在はバーコードに不足する情報を持たせることにしています。雑誌の裏表紙の下に表示してあるバーコードを定期刊行物コード（雑誌）といい、出版物以外の一般商品に付してあるＪＡＮコードと互換性があります。定期刊行物コード（雑誌）には４９１で始まる18桁の数字が記録されており、雑誌コードの７桁と出版年の下１桁、本体価格（９９９９円まで）が含まれます。このほか将来の拡張のため、予備として２桁確保されています。現在のコード体系になったのは２００４年のことで、雑誌向けに付与されるバーコードとしては４代目に当たります。現在の体系になってようやく発行年表示と１円単位の定価表示が達成され、ＰＯＳシステムによる売上動向のより精密な把握、号数ごとの柔軟な定価設定ができるようになりました。

　ところで、右に述べたとおり、本誌の雑誌コードには必ず増刊・別冊用のコードもついてきます。増刊・別冊

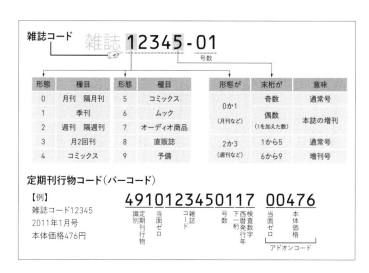

は返品期限を商品に表示する（裏表紙にLで示される場合が多い）ことで委託期間を長めに設定できることから、本誌よりテーマをさらに限定して長期販売を狙うものがよく見られます。一方で本誌とはまったく無関係の雑誌に増刊・別冊用のコードを「間貸し」する例も見られます。例えばある月刊のパズル誌は、ギャンブル関係の本誌の増刊扱いになっていました。増刊・別冊は本誌と異なり次号が必ず出るとは限らないので、返品の抜き取りを新刊送品案内に基づいて行うと抜き漏れを起こすことがあります。一般に雑誌の方が返品了解を取りづらいので注意が必要です。一部の取次Webサービスには返品期限の近い銘柄を取得できる機能があるので、そちらを活用するとよいでしょう。

最後に「雑誌扱い」「書籍扱い」について解説します。従業員同士の会話でよく聞く用語ですが、これは雑誌流通に関係があり、雑誌担当でなくてもある程度の知識が求められます。

雑誌扱いのコミックスとムックは、雑誌本誌からの派生商品として展開された経緯から雑誌コードが付与されています。2019年9月現在でコミックスは4720番号、ムックは2245番号が登録されており、番号を割り当てられた出版者は1番号で100銘柄分発行できます。雑誌扱いコミックスは本誌のある作品の単行本、ムックは同じく本誌から派生したワンテーマ本の意味づけを持ちます。例えば雑誌43091-45は「ジャンプコミックス45号」であり、副題は「ONE PIECE 58巻」です。しばらくの間これらの商品には雑誌コードのみ表示されていましたが、1980年代後半から90年代にかけて、これらの商品にもバーコードの表示が求められるようになります。いずれも長期にわたる流通に対応する必要から、ISBNを付与して書籍JANコードを表示することとなりました。

書籍扱いという言葉は雑誌扱いと対比するために生まれた考え方で、書籍扱いと明示するのはコミックスを扱う場面にほぼ限られます。これらは特に返品の荷造り時に取り違えを起こしやすく、間違った分類で返品すると逆送されてしまいます。

このように歴史上、流通上の都合から雑誌・書籍が分かれているものの、お客さまにとっては関係のない話です。コミックスはコミックスであり、雑誌は雑誌でしかありません。最近ではある女性向け雑誌が、同じ本誌に対して付録を2パターン用意し、一方は普段通り雑誌扱いとして雑誌コードをつけて、もう一方は書籍としてISBNをつけて流通させるということもありました。お客さまにとってこれらはどちらも雑誌に違いありません。お客さまから問い合わせがあってどうにも行き当たらない際は、取次が運営するECサイトで「すべての商品」を対象にキーワード検索し、必要に応じて新しい順に表示させるとこのような銘柄にも行き着くことができるでしょう。

第7講

ないものはない。本屋はそこから始まる

- 掃除
- 目配り
- ポスターの貼り方
- 返品
- ストック
- 倉庫
- 責任

どの本も今日入ってきたばかりの本のようにする

矢部 掃除の話って今までやりましたっけ？

―― 平台をエンド台の方から掃除するという話はしていただきました。

矢部 では、今日はもう少し細かい掃除の話ね。掃除はとても大切な仕事です。

―― 掃除がですか。

矢部 はい。どこの書店もいろいろ道具を揃えていると思うけど、強力だったのはダスキンのハンディモップね。ホコリの戻りもない。もっぱら什器用で、うっかり本の上に置きっぱなしにすると大変でした。

―― ケバケバに油分が含まれているんですね。

矢部 そう。だからちょっとの間でも、置くときは床か什器の上に裏返します。

―― 矢部さんがおっしゃっている掃除は、本のホコリをキレイにするのではなくて？

矢部 もちろん本のホコリも払います。ただ什器のホコリはもっと目立つでしょ。理想かもしれないけど、本は毎日動くからホコリが溜まることはないよね、というか、そう思いたい。でも什器は掃除しようと思って掃除しなければきれいにならない。ワタシは背が低いからあまり目が届かないんだけど、棚の天板の上とか平台のへリにちょっと溜まっているところとか。

——ちょっとした段差のあるところとか。

矢部　レジカウンターも、お客さま側に立つと違うホコリが見える。カウンターのお客さまは、待ちの時間があるので、つい見てしまいますね。

——そういった清掃はどれくらいの頻度でやってたんですか？

矢部　毎日開店前にアルバイトくんたちにはやってもらってました。今はもっときちんとワークスケジュールに組み込んでると思います。

——昔から本屋さんというとハタキをパタパタというイメージがありますよね。

矢部　本のホコリはね、名前わからないけどナイロンの紐をほどいたみたいなハタキを使っていました。

——ダンスのポンポンみたいなやつですかね。

矢部　そう、それ。静電気でホコリを吸い寄せるものだったんだけど、そんなに吸い寄せないの。力不足で不満だった。ハンカチみたいな、ファイバークロス？　それを一人1枚渡されて、みんなエプロンのポケットに入れてました。ワタシ自身は、そのクロスを掴んだ手で接客するのに少し抵抗があって使わなかった。柄《え》があるのがいいな。

——その掃除はどういうときにしていたんですか？

矢部　とくに決めてなかったけど、平台を入れ替えるとき、その都度やってたかな。ついでに什器もね。でもポンポンで表紙をなでるくらいじゃ満足できないんだよね。

――掃除したんだぞっというくっきりした違いが見たいわけですね（笑）。

矢部　そうなの。充実感を味わいたい（笑）。なので、平積みを剥がして、什器の面を掃除して、本のホコリを取り、ついでに商品の向きなども確認しながら積み直すっていうことをします。ふだんは小規模だけど、平日の夜とか日曜午前中に、棚1列6本分の端から端までってまとめてやってました。たくさんはできないの。腰が痛くなるんだもん（笑）。

――腰が痛くなるくらいの掃除って(笑)。棚の掃除はどうでしたか。あまり掃除するものでもなかったですか。

矢部　いえいえ、棚差しの本でしょ、もちろんホコリ払いますよ。平積みのホコリ取りより、やりがいがあります。今でもやりたい（笑）。

――本の天のところにホコリが溜まっちゃいますよね。

矢部　まず棚の本をちょっと出すでしょ。天にホコリを発見すると全部引っ張り出して、天を傾けて平台にかからないところで、パンパンとはたきます。

――手のひらにあてて。

矢部　そうそう。天のホコリをポンポンで払おうとすると、スリップがズレるので使いません。入社してすぐ、この快感を覚えて、両手に1冊ずつ持って本と本をパンパン当ててたら、棚の裏側から先輩が飛び出してきて「なんてことするの！　本がかわいそうでしょ！」って怒られました。

――やりたくなる気持ちはわかりますが、でもお客さまに見られたら驚かれちゃいますよね。

矢部　普通にパンパンしたくらいで払えないほどのホコリが積もってる本だったら、本を開いたところも掃除した方がいいね。

――本を開けてですか?!

矢部　そう。ハードカバーの場合は、表《ひょう》1のソデっていえばいいのかな、見返しのかからないところがあるじゃない。

――ありますね。3ミリぐらいずつで。

矢部　そこの三方ね。そこにホコリというか汚れがついています。カバーがPP加工だとキレイに掃除で

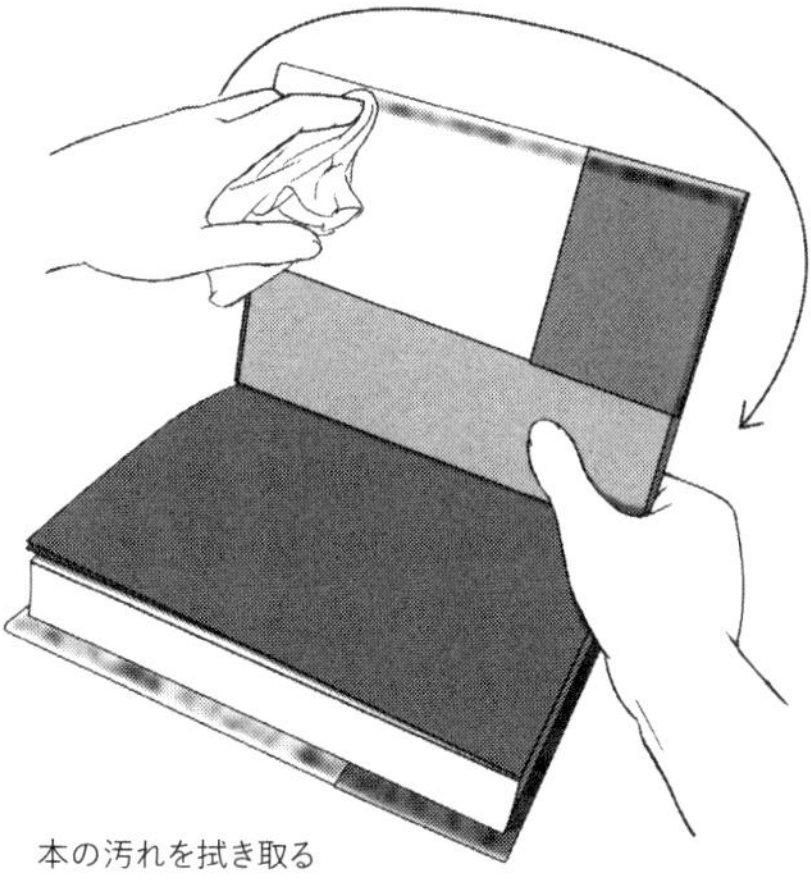

本の汚れを拭き取る

きてとても満足。

——ええええ（絶句）。そこまで気にしていたんですか……。

矢部　ポンポンで拭いたり、時間があるときには固く絞った布で拭き取り、ちょっと乾かしてから棚に戻します。

——本ってそんなに大切にしてもらってたんですね……。

矢部　満足感も半端ない(笑)。カバーが茶色く変色してたら、それはアウト。本自体を入れ替えるか、カバーを注文して掛け替えます。

——なんだかまるで飼育している牛や馬のように本を大切にお世話していたんですね。

矢部　つまりは、棚に並んでる本が、どれも今ちょうど入荷した瞬間のように見えてもらいたいんだよね。綺麗にして見てもらって、いい人に買ってもらう（笑）。

——すべての本が今日入ったように見えるようにするって確かに大切ですね。新刊書店の場合、今日入った本もあれば1年前に入った本もあるわけで、でもお客さまはすべて新品として見ているわけだから、そのコンディションを整えてあげるということですね。

矢部　そうそう！　いいこと言う！　そこは力説したい。棚から本を出したら手の跡がいっぱいついていて「この本を手にとったのはあなたで34人目です」みたいな状態でもなく、ホコリが積もっていて「ここに差されて10年目であなたが初めての人です」でもない。「たった今、あなたのためにここに来たところです！」ってね。

――　はい。

矢部　思い出したけど、スリップのところで、本の最後のページにスリップを挟み直すことが好きじゃないって話したでしょ。それって、そうしているってことは、誰かが触ったことが明らかで、それがお客さまはちょっといやだったりしないかなって思ったんだよね。

――　あー、それは確かにあるかも。こんなことは実際不可能なんですが、やっぱり誰も触っていないと錯覚して買いたいです。別に神経質なわけじゃないですけど。

矢部　更に思い出したけど、新潮文庫にはスピンが付いているじゃない。あれって、お客さまが手に取って中を見ると飛び出ちゃうよね。で、飛び出たまま棚にまた戻る。それを直してました。

――　ええ、そんなことまで?!

矢部　新潮文庫の担当はやってると思いますよ。今でもやりたい（笑）。棚1本につき5、6点くらいはペロッて飛び出して、下の棚に垂れてたよね。それを元あったページに入れ直したいんだけどわかるわけないから、スピンを糊付けしているところからいちばん近いページに挟みます。コツがあって、スピンを一度下にキュッと引いてからページの奥に入れ、長さの真ん中あたりからクルッと柔らかく丸めて入れます。それで、今入荷しました状態に復活して棚にあるという。

――洋服屋の店員さんなんかずーっとお客さまが広げてくしゃくしゃにした洋服を畳み直してますよね。

矢部　そうそう！　洋服屋さんの「お畳み」と同じだよね。

――仕事としては品出しが最優先で……。

矢部　はい、少しでも早く本を店に出すのが最優先です。商品まわりが優先というのは当然だけれど、掃除も同じくらい重要です。あ、レジはまた別ね。

――はい。

矢部　掃除ってホコリを払うことではあるんだけど、作業しながら商品の動きをより細かく見ることのできる機会でもあるし、本の状態を見ながら、お客さまの反応の痕跡も確認できたりして、より売るためのヒントを発見する機会でもあるよね。

――実際に本や棚に触れれば入ってくる情報がたくさんありますよね。

矢部　ただ、今の書店では、棚の前に長い時間いることはなかなか難しいと思います。パソコン仕事も多いでしょうし。昔はバックヤードにいると怒られたよね。何かの報告書作成とか伝票仕事は事務所でしかできないのに、早く売場に戻らないといけないから、何だか焦ってやってました。

――怒られましたねえ。こんなところにいるんじゃない！ってアルバイトのときにフロア長に追い出されました。

矢部　「店へ出ろ！」って。ワタシも言われたし、みんなにも言ってました。

――もっと大きく捉えた感じで伺いますと、キレイな本屋っていうのはどういうものになりますか。

矢部　いろいろな考えはあると思うけれど、まずはホコリや汚れのない店であることですよね。それは商品はもちろん、什器やカウンターもね。隅々まで清潔であってもらいたい。商品は整理されて乱れなく、今入荷したかのようなコンディションで整っている。あとは、店全体が片付いていて、買いまわりしやすい店であることかな。ブックトラックや段ボール箱の障害物がなく、装飾も整っていてもらいたい。

――気持ちいいです。

矢部　ちょっと掃除から話が逸れるけど、最近は平台は熱心に手が入っていて、多面積みも凝ってるんだけど、逆にそれが多過ぎて、かえって悩ませているように見えるし、そもそも通路を真っすぐ歩けない場合もあります。つまりね、強調したいあまり、通路にワゴンとかテーブルとか自立什器を何台も置いて、平台自体も斜めにしたりして歩きにくく、ストレスを感じさせる売場になってないかしらって。

――回遊性の悪さってそうかもしれませんね。あっちこっちにワゴンやテーブルが置かれてるお店が多いかも。

矢部　通路を妨げてお客さまの足を止めるのではなく、平台の力と商品の力で止まってもらいたいよね。前に話したように、平台の性格付けを明快なルールとして決めて、共有しながら売場を育てる。ここは新刊、ここは店舗イチオシ、ここは文庫の話題作、ここはロングセラー、ここはその次に見てもらいたい平台ですって。見てもらいたい平台の優先順位を決めてそれを続けるのね。売場全体でも、ジャンルごとでも見渡したときに、いちばん売りたいものから、棚イチの本まで、ピラミッド的に表現できる売場がいいと思うんだよね。物理的に歩きやすい売場であることも大事なことだと思います。

――そういう本屋さんは本を買いたくなりますね。

矢部　お客さまが来店して、そんな売場になっているというのを見て取れれば、お客さまの都合によって使い分けしてくれるでしょ。迷わないようになれば、行きつけの書店に昇格できると思うんだよね。

――使い勝手がいいですよね。

矢部　自分が通いたい（笑）。

――ははは。

ポスターは四隅だけでなく折り目も留める

矢部　そういえばポスターの貼り方の話もしたよね？

――えっ、ポスターの貼り方？　そんなの真っ直ぐ貼る以外にあるんですか?!

矢部　ポスター貼る時って、普通は四隅の裏側にセロハンテープをクルっと丸めて両面テープのようにして貼るでしょ。

――はい。

矢部　でも、ポスターって店に届いたときには折り目が付いてるよね。四つ折りだったら十文字とかだけど、その折り目にもテープを貼るって話、しなかった？

――それは全然してないです（笑）。

矢部　では、いきますよ。これもうるさいですよ、ワタシ（笑）。四隅以外にも、その折り目のところも留めてもらいたいのね。貼ってると段々たわんでくるから、その防止のためです。四隅と、十字の折り目が付いたところと、中央の９ヶ所くらいかな。だいたいA３を超えたら、折り目がなくても留める箇所を８ヶ所から10ヶ所くらいに増やします。

――それだけ貼ればたわみませんね。

矢部　はい。それとセロハンテープをクルっとして貼るときの向きね。

――セロハンテープ貼るのに向きがあるんですか?!　それは両面テープでなくて、普通のセロハンテープの話ですよね。

矢部　両面テープは強力過ぎて、什器や壁に貼ると剥がすときに跡がついたり、塗料やクロスも一緒に剥がれたりする危険があるので使えません。ポスターだったらセロハンテープくらいの粘着でちょうどいい。パネルの場合は、布製ガムテープか養生テープね。あるとき内装屋さんが忘れていった養生テープを使ってみたら素晴らしい！（笑）。メーカーに電話したら小売りしませんて言われちゃって。でもその後、普通に手に入るようになりました。

――メーカーにまで問い合わせたんですね（笑）。

矢部　それでね、セロハンテープを丸めて両面テープ状にして貼るんだけど、そのとき、丸めた輪っかを横にして貼ります。縦だと紙の重みでずり落ちちゃうからね。入社してすぐ年下の大先輩から怒られたからよく覚えてるの。

――言われてみればそうですね。

矢部　テープは3センチくらいの長さに切ります。輪っかを小さくするのね。それ以上長く取って大きい輪っかにしちゃうと、横に貼っても垂れ下がるでしょ。で、その小さめの輪っかを、ポスターの縁ギリギリに貼ります。1ミリ内側くらい。

―うまく付けるの大変じゃないですか？　いけね、手についちゃったぞって（笑）。

矢部　やり直してください（笑）。

―ポスターに関してはまっすぐ貼れているか問題もありますよね。

矢部　そう！　それもまたうるさいんだ（笑）。一緒に働いた人はみんな知っている（笑）。どの売場でも「これ曲がってるよ」って言ってたから。曲がってるとすぐわかるの、あれは特殊技能じゃないかな（笑）。

―はははは。貼る方が大変です。

矢部　貼る場所も、何かを妨げてないかとか、ほかのポスターとのバランスはどうかなど見ます。

―ポスターも複数枚貼る場合にはバランスがあるんですか。

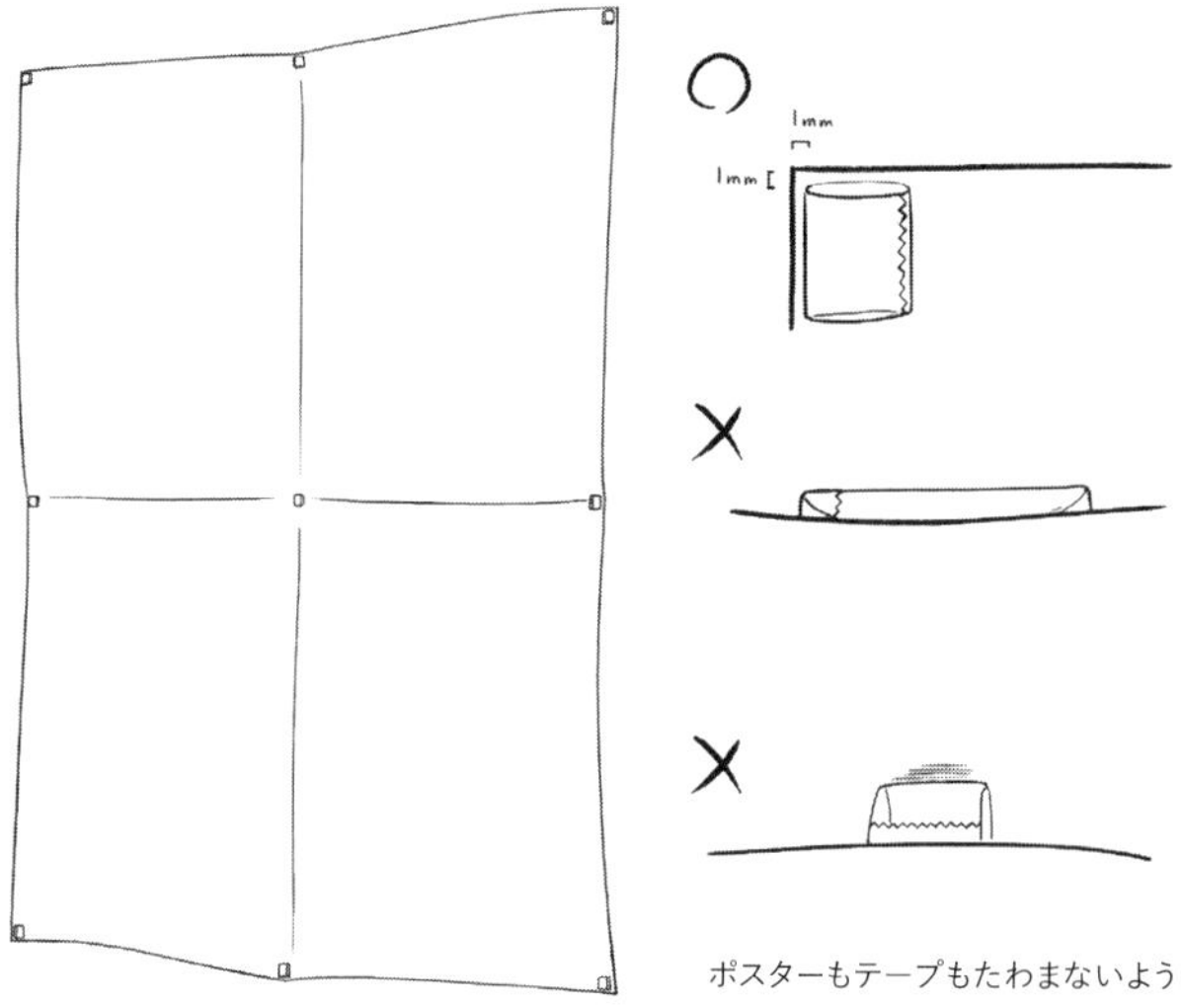

ポスターもテープもたわまないように貼る

矢部　続けて何枚も貼る場合は、余白を均等に空けて貼ります。高さや大きさも気にしてね。

――面陳と一緒ですね。

矢部　そうそう。何につけても、より美しく整えたいっていうことです。たまに出版社の営業が親切で、自分でポスターを貼ってくれるんだけど、ずっと横に立って見てるの（笑）。

――版元の人も「?」って顔してたんじゃないですか（笑）。ポスターの貼り方なんて全然知らなかったですよ。そういえば矢部さん、スリップ直しも良くやってましたね。営業で伺って話をしていても、手は常に動かしてました。帯が上がっていたらトントンってやって直したり。

矢部　考えたら失礼だよね、話してるのに手は違うことしてる（笑）。帯を下ろすのが好きなの。1ミリでも。

――1ミリも気になりますか。

矢部　気になるでしょ？　新刊みたいにするんだから（笑）。出版社の営業マンが、自社の本が賞を受賞したときとかに帯を持って来てくれるでしょ。「僕、掛けておきますよ」なんて言ってくれる。でも、実は自分がやりたいので、「いいよいいよ、忙しいでしょ、ワタシが巻いておきます」なんて言って奪ったりします（笑）。

――まあ営業マンがやると適当に掛けますもんね（笑）。

矢部　営業マンにしてみたら、売場を邪魔せず手早く済ませるのがサービスって思うよね。帯を掛けたがってる人がいるとは思わない（笑）。帯は、背に当たる部分を合わせてから巻いてほしいのね。で、折り返すところは、帯をいったん外してキュッて折り目を付けてから巻いてほしい。浮かないように。でも、こんなこと横に立って言われたら営業マンもイヤだよね。自分でもわかってるんだけど、ここは妥協すまい！って決心してました（笑）。

――ははは。

返品は思い切りが大事

矢部　書店員の永遠の課題、返品の話を最後にしましょう。

――いちばん頭を悩ます問題ですね。

矢部　返品で大事なことはなにかというと、それは思い切りです（笑）。

――思い切り（笑）。それはどういうことですか。

矢部　要するに、返品すると決めたら、中途半端に残さないということです。

――書評に出そうだから半分だけ返すとかそういうことはしないんですか。

矢部　しません。結局ね、そうやって残すのは無駄なんじゃないかって思ってました。

――無駄ですか。

矢部　まず、売行きが落ちてきたら新刊台から下げてくるでしょ。そこで返品するかどうか判断するわけだけど、それで返品するって決めたら、このあと必要になる冊数を予測して、それは店頭で出し切って倉庫に入れないということね。例えば、週に1、2冊の売れになってきたので、新刊台から下げてきたけど、まだ100冊在庫がある場合、まあこれもだいぶ見込みが違っちゃってるけど、あと30冊あれば足りるかなって思ったら、残りの70冊は、すみません、返します。棚差しと棚下平台と、あとはエンド台でその30冊は使い切れるよね。もし、30冊じゃなくて、あと50冊あると安心かもって判断したら、やはりその50冊は売場に出します。

――書評で取り上げられるかもしれないと保険をかけて、あと更に30冊ストックに残して40冊返品するというようなことはしないということですね。

矢部　そうです。この場合、店頭に残した30冊でも十分な感触はあるけれど、ただ、そういう判断をして更に30冊残すような人はいました。下げてきた本を、倉庫でシェルビングっていうの？スチール棚に戻していて、聞いたら書評に載るかもしれないのでって。でも、次に売りたい、売らなくちゃいけない本は毎日到着していて、場所は限られているんだから、諦めてもいいんじゃないかなって思ってました。

――でも保険をかけたくなるんじゃないですかね。

矢部　そうなんだけど、ワタシは更に残したストックの30冊が売場に再デビューすることはそんなにないと思う。だったらバックヤードのその場所は、その本を置くために使うより、これから売る本を置くのに使うべきだと思います。

――かなり思い切った判断だと思うんですけど、それで失敗したなとか、取っておけばよかったなって思ったことはないんですか。

矢部　ないですよ。忘れてるんだろうか（笑）。平台の数や倉庫の容量とか、お店によって事情は違うから、あんまり言い切っちゃいけないかな。書店員はみんな覚えがある、返品した途端にお客さまに聞かれる件も、最後の1冊の話でしょ。今追加が入ればもっと売れたのにっていうことは何回もあったけど、平台から下げて返品した矢先に再ブレイクしたなんてことは、そんなにないと思いますよ。

――矢部さん、書店業界のこんまりなんじゃないですか？　全部キレイにしたほうが売上を呼ぶんです、って（笑）。

矢部　わはははは。平台から下げてきた本を胸に当てても、ときめかない（笑）。

――例えば倉庫の3割くらいがそういう保険で取っておいた本を置くのに占められて、それがあるから逆に、新刊でこれ100冊売れるなって本を70冊しか頼めないみたいなことが起こってるということですか。

矢部　さすがに、置く場所がないから新刊を頼まないなんてことはないけれど。

――過去の売れ残りの置き場になっちゃって、今度は必要なものがどこにストックされているのかもわからなくなってしまうとか。

矢部「取っておいたはずなんだけど」って探す羽目になったりして。

――それはありますね。アルバイトの頃に社員の人から「これ5階のストックにあるはずだから」って言われて取りに行くんですけど見付けられないことがありました。それで「ないみたいですよ」って報告しても、「あるよ!」って言われてまた探しにいったり。あれは確かに時間の無駄でしたね。倉庫のストックも売るためのものになってないといけないということですね。

矢部　倉庫も店頭と一緒で、循環する場所であって欲しいと思います。ストックの本が売場に出ていって売れて、空になって、新しい本がまた入ってきて出ていってって。毎日倉庫の風景が変わるのがいいな。

――ストックといえばいつも同じ風景みたいな感じを想像してました。

矢部　そんな倉庫はないと思うけど、もしあったら、それはストックとして機能していないかも知れない。滞留しているのなら、なくてもいいものだったわけでしょ。それに、保険を掛けなかったので売り逃した、なんていう場合があったとして、そこまで足が速い本なら出版社の対応も相当速いはずだよね。だとしたら、数日間の売上は逃したとしても、ある程度補えると思う。むしろ保険の30冊が場所を塞いで、無駄な作業の呼び水になったりしないかな。

――効率がとても悪くなりますよね。

矢部　出版社は、売れてる本ほど手厚く手当てするし、情報も流す。保険の30冊は帯だって古いままかも知れない。そもそも、その時にはそこで売りたい本、売らなくちゃいけない本があるはずだと思う。いつだって今日入る本が売りたい本だよね。

――では、どの本を返品するかっていうのをどうやって選んでるんですか。動かなくなってきている本は当然そうなんですけど、2ヶ月経ったら返しますみたいに一律に判断してるってわけでもないじゃないですか。

矢部　それはそう。平台は基本的には新刊プラス売上上位を積んでるわけだから、それ以上の見込みの本が入ってきたら押し出されていくよね。

――もっと細かいものはどうするんですか。

矢部　棚下の平台の話かな？　それも同じで、押し出されてきたものから返品されるよね。問題にしたいのは、たぶん目で追い切れなかったり、ハンディターミナルで捉えきれないようなゆっくり売れてるものとかじゃないかと思うけど。

——ああ、そうです。

矢部　あとは、それこそ書評に載るんじゃないかと予想してる本とかね。そういうのは、棚下で我慢するってことはあるかも知れない。新刊じゃないけど長い期間売れ続けている本は、専門書にはとくに多いと思うけど、たぶん毎日のPOSでは表れにくいよね。よく見て意識するしかないかな。一年生の頃、「平積みを外さない本リスト」を渡されました。担当が代わるとき、新しいリストを申し送るのね。

——そのリストは重要ですね。

矢部　棚下平台には、新刊台と同じ本を積んでいるだけじゃないよね。その前作や長く売れてる本、棚の脈絡と関連して置く本や、新刊台では難しいけど棚下なら許される速度で売れる本、そういう本は棚下で救う。

——それ以外はもう思い切って返す。

矢部　そう。「今売れていないものは返品して」って言ってました。それでも返さない人もいる(笑)。

自分で判断すればそれだけ経験が蓄積される

――例えば入ってすぐの人がいきなり棚を任されたとして、毎日毎日本が届いてそのうちどれが新刊なのかわからない、みたいなことってあると思うんですよ。

矢部　そうでしょうね。

――そういう情報量というか、本が多すぎてアップアップしてる人に、どういう基準で本を返すべきかって教えるときにどうしますかね。それはハンディで売上データやら期日を見ればいいじゃん、って話なんですか。

矢部　入ってすぐの人に返品の話はまだ早い（笑）。でも本人は疑問でしょうから答えるとすると、基準はもちろん売行きだよね。一昨日売れたもの、昨日売れたもの、この一週間で売れたもの売れなかったもの、この平台で一番売れているもの、二番目に売れているもの、最も売れていないもの、これを即答できるぐらいよく見ておいてって。それが判断の決め手になるからって。データを見ればいいんだけど、自分でも見当は付くぐらい売場を見るように言います。

――それが一目瞭然でわかったのがスリップなわけで、やっぱりスリップって必要なものでしたよね。

矢部　今の方法ももちろんメリットはいっぱいあるんでしょう。でもスリップもあって良かったよね。

――後輩やスタッフの人に注文するかどうかをスリップに数を書かせて訓練させてたじゃないですか。返品はどう訓練させてたんですか。

矢部　最初のうちは、返品する本も全部指示します。新刊が5点入ったから新刊台からこの5点を下げてきて、それをここに何冊、あそこに何冊積み直してって細かく言います。で、返品するって決めてたら、そのタイトルも冊数も指示します。実際にはワタシが現物を確認してからね。それを数ヶ月練習すると、何を返品するかの見当は自分で付けられるようになる。

――その返品のセレクトに上手い人、下手な人っていましたか？

矢部　上手いとか下手とかはありません（笑）。返品候補に挙がるものって、おおよそは旬が過ぎたものだから、その選択にそれほど間違いはないでしょ。いろいろな情報を共有していれば更に確度は上がるよね。ストックし過ぎる子はいたけど。慣れないと怖いから、残したい気持ちもよくわかります。

――はい。

矢部　文庫担当は定期的に新刊が入るから、返品も出し慣れてて、思い切りがいいの。発売日前日に一気にストックを返品して、場所をつくるのね。単行本の子はそんなわけにいかない。

――ストックの返品をする日っていうのもありましたよね。それも変な話だとは思うんですが。

矢部　ありましたね。それでも返さない人もいる（笑）。

――そこに対しての不安というか、後悔というか、なんかあったときに自分在庫持ってなかったなあっていうのはないんですか。

矢部　ないことの不安もわかるけど、自分の手に余るほどのストックを持ったらそれはやはりストレスではないかしら。

――流通スピードも上がってるから、注文してから届くまでだってそんな我慢できないほど長いわけじゃないですもんね。

矢部　そうですよね。そういうときの取次の力ってすごいものがあると思います。

――じゃあ例えば売れ筋の新刊台でいろんな本を展開していて、そこに新たな本が来るじゃないですか。そこでどれを外すかっていう判断は直近で売れてないものを外していく感じですか。

矢部　そうそう。明日売れる確実な情報がない限りはね。

――思い入れとかはないですか？　私、この本好きなんだけどって。

矢部　そんなことあるの？

――えええ?!　私、この本好きでＰＯＰ立てて売りたいからもうちょっと我慢しちゃおうかとか考えそうじゃないですか。

矢部　えーっ?!　だって今売れてないんでしょ？　売れていない本を思い入れだけで一等地に置き

続けることなんてできるかな。棚下の平台くらいだったら考えられなくはないけど。

――じゃあ、一等地に一番好きな本や売りたい本を置くなんて考えられませんか。

矢部 売れてる本ならいいけど。

――売れてないのは。

矢部 あり得ない。

――自分が好きな本を売りたいし、だって売れたら倍うれしいじゃないですか。

矢部 うれしくても、それがどうした（笑）。今入荷した本を置いたらそれの10倍売れるかもしれないもの。身も蓋もない言い方をすれば、早くお金に変わる順に置きたいと思いますよ。

――ああ……。そうですね。商売ですものね。だんだん雑誌が売れなくなって、コミックが売れなくなって、書籍の売上に比重が掛かってるわけじゃないですか。でも書籍に比重が掛かってきて問題になるのは換金が遅いことですよね。それなのにさらにそこで換金を遅らせるようなことをしちゃいけないっていうことですね。

矢部 そうそう。こんなに言い切るのも憚られるけど、返品もそういうことでしょ。

――はい、在庫も返品もお金です。矢部さんのやり方って実はいちばん効率化された本の売り方だったんですね……。

矢部 そんなこともないし、効率で言えば今はもっと客観的で良い方法があるんじゃないかしら。ただ、なるべく少ない在庫でお店をまわして売上を取っていくのが美しいって、一年生くらいから漠然と思っていました。たぶんスタートが理工書で、ストッカーは空っぽで当然ていう刷り込みがあったからかな。

――そこに対しての不安はないんですか。お客さまにないって答える怖さというか、書店員さんは本がないっていうのが恥だと思ってる気がするんですよ。自分の目利きができなかったとか。

矢部　それは本屋たるもの、お客さまから聞かれたものは「あります」って言いたい。でもこんなに本が出てるんだから全部は無理。ないものはない。今思い出したけど、最初のボーナスをもらうときに社長に言われたんだ。「ないものはないんだ、でも本屋はそこから始まるんだ」って。

――うわー、すごい言葉ですね。

矢部　返品が大変な問題で、返品率ばかり注目されちゃうけれど、委託でやっていることを活かして、お店を変えることも新陳代謝することもできるし、売れるものを見出す力も養えると思います。売上も商品量も店も縮んでいくばかりでは、本を見る目はなかなか育たないよね。

――今はハンディ見たり、リスト出したりして返品作業していたりしますよね。

矢部　そうね、ワタシも郊外のお店はそうでした。思うんだけど、そういう返品の仕方って、痛みがないんじゃないだろうか。この本を返す判断をしたのは自分じゃない、ハンディターミナルが返せって言ってるんだからって。前はこれもあれも売れそうって悩んだ挙句、それでも自分の責任で返品してたでしょ。もし失敗したらそれも学習で、それを糧に、精度の高い返品の少ない担当に育っていったと思うんだけど。

矢部——機械的にやっているから返したことすら忘れてたり。返すにしても、仕入れるにしても、並べるにしても、自分が自由にできるっていうことは、逆に言えばそれだけ責任があることになるよね。どうせならそれをきちんと背負って仕事したいよね。

補講7

一つ一つを大切に――客注

新刊書店である限り、多かれ少なかれ避けて通れないのが問い合わせです。カウンターから一歩出ると声をかけられるとも言われます。しかし問い合わせがあるということは、目当ての品が手に入るかもと考えてくださっていること、つまり期待されていることの裏返しです。対応次第では店のファンを増やすきっかけになります。

問い合わせに対して仮に在庫がなかったとしても、対応次第で次の商機につなげることができます。ぞんざいに「ないです」と答えるだけではそこで会話が終わるばかりか、二度と来店いただけなくなるかもしれません。

在庫していないことを謝罪した上で、「お取り寄せも承りますが、いかがいたしましょうか」とお伺いしましょう。関連して、同じ商品の問い合わせを相次いで受けると鬱陶しくなることもありますが、問い合わせるお客さまにとってはあなたが従業員代表であることを忘れてはなりません。

お取り寄せ、すなわち客注はおおまかに受注、発注、突き合わせ、入荷連絡、引き渡しの5つのフェーズに分けられます。これらを全て同じ人が担当することはまれでしょう。ましてや店舗が大きくなればなおさらです。

従業員の連携プレーが客注業務を回しており、その繰返しがお客さまの信用につながります。

ただ自分が担当していない範囲の仕事がどのように動いているかは把握しづらいものです。ここではお客さまに満足いただくために配慮すべきポイントを、各フェーズごとに述べます。

受注時には、お客さまのご要望を漏らさず伝票に記入します。特にお名前の読みと、入荷連絡時の留守番電話やご家族への伝言の可否は必ず伺って店舗控えにメモします。入荷連絡が不要の場合はその旨を店舗控えに朱書きしておくのが無難です。その場合でも連絡先は必ず伺います（発注できなかったときや、入荷後しばらくしても来店いただけないときのため）。複写伝票の写りが悪かったら、なぞらずに枠外に書き足します。なぞり書きは見づらいためです。

発注は必ず「出荷が確約される手段」で行います。例えば版元へ電話・FAXするとか、個別にも手数料がかかるものの取次の客注用システム（日販の「本の超特Q！ QuickBook」、ブックライナー［トーハン系］の「本の特急便」、楽天BNの「ぶっくる便」など）を利用するなどが挙げられます。先述した版元が提供するWeb受注サービスは出荷が確約されないので使いません。これは出荷されなかったことによる手戻りと納期の遅れを防ぐためですが、仮に商品を引き当てられなかった際すぐにお客さまにご連絡できるようにするためでもあります。発注時には客注伝票の番号をメモとして入れてもらうようにします。

入荷時の突き合わせは客注担当を置く店では客注担当が、置かない店では荷開けをする早番が行うことが多いでしょう。現品には短冊か再剥離シールがついてきます。これに受注日と発注時のメモが書き込まれているので、メモに伝票番号があれば楽に突き合わせることができます。メモがないと全部の伝票を洗うことになり、時間と労力がかかります。引き渡しの遅れにもつながりかねません。

入荷連絡は入荷したその日のうちに行います。ここまで早くて数日、遅いと一週間以上の間、お客さまは注文品の状態を知ることができないためです。受注時にお名前の読みを控えてあるので、電話する際に読み違える失礼を犯すことがありません。ご家族または留守電につながった場合は伝言可否のメモに従って、伝言するか後ほどかけ直します。このとき最も注意すべきは、ご本人以外には商品名を伝えないことです。たとえ留守電であっても同様です。理由は後述しますが、電話口では「ご注文の商品が入荷しました」程度に留めておきます。

引き渡しはレジに入る人が誰しも経験します。お客さまがお持ちになった控えと現品に添えてある控えを突き合わせて、必ずお客さまに書名と冊数を確認いただいてから販売します。この際、回収した控えの取り扱いに注意してください。伝票に書いてある電話番号が名前と紐付いて個人情報に当たることは言うまでもありませんが、そこに注文した商品の情報が含まれるためです。

受注、販売した商品の情報は注文主・買い主の趣味や嗜好を反映している可能性が高いと言えます。これは本人のプライバシーに属することであり、ひいては思想や信条を構成する要素になっているとも考えられます。右で本人以外に商品名を伝えない、伝票の取り扱いに注意すると述べたのは、お客さまのプライバシーを守り、内面の自由（憲法が保障する、思想・良心の自由や学問の自由）を保障することにつながるからなのです。自分の読む本は家族や恋人にだって知られたくないこともあるでしょう。

図書館には「図書館の自由に関する宣言」が掲げられているのをご存じの方も多いと思いますが、図書館と書店は「利用者に資料を提供する」という観点では同じ役目を負っていると言えます。宣言の内容は書店にも当てはまる部分が多くあるので、日本図書館協会のWebサイトや近隣の図書館で確認してみてください。

客注は強烈な来店動機になります。これだけ娯楽や情報を得る手段が多様化しECが浸透した昨今、「注文品を引き取る」以外の動機で繰り返しご来店いただけるお客さまは少数派です。客注を大切に取り扱い、売場の鮮度を高め、店頭を清潔に保つ――こういった些末なことの繰り返しがお店のファンを増やすことになります。自分が嬉しかった体験はなかなか忘れられるものではなく、周囲によい印象を広めてくれることもあるでしょう。一方で逆もまた真なりです。平積みを直す、ホコリを払う、切れた帯を取る、などなど、できることはたくさんあります。一つ一つやっていきましょう。

あとがき

本屋の店頭にいた36年間、知らない本との格闘だった気がします。毎日入荷してくる新刊、知らなかった既刊。いつでもお客さまがいちばん知っていて、期待に応えようと少しずつ覚えました。でも追いつくはずもなく、どのジャンルの担当になっても、自分の棚が実はとても貧相で、それは単に自分の貧しさが透けて見えちゃってると不安だった。早くそのジャンルの本の全貌を見渡さなければと、夢みたいなことに焦っていました。

店内はもちろん走ってはいけないけれど、いつも走っているように動いていて（一年生のとき通路を走ってお客さまにぶつかり、当然謝れと言われ、走りながら謝って更にお叱りを受け、偉いヤツを呼べと言われた苦い体験あり）、そうしていたのは、知らない本を知らなければならないし、やらなきゃいけないこともたくさんあって、早く片付けてスッキリしたかったから。いつの頃からか、左の腰あたりにやらなきゃいけないことがいっぱい詰まった頑丈な袋を提げているイメージがあって、これを早く空にして身軽になりたかった。

パルコブックセンター渋谷店にいたとき、当時の店長が朝礼で、立ち止まったら間に合わない、走りながら考えて早くやろうって話して印象に残りました。本当にそうだって。そのうち、走っているからこそ考える、手や足を動かしているからこそ思い付くのかも知れないと思うようになりました。忙しくてじっくり考える時間が取れないから、仕方なくそうしているのではなくて。で、腰の袋に入れておく。つまるところ、袋を空にするのが目標じゃなく、袋はいつも満杯であるべきで、入れたまま底で忘れてることがないようにすればいいと思い直しました。左手でやるべきことを目いっぱい詰め込み、右手で次々引っ張り出しては片付けて、いつでも最新の袋を持っていると。

本屋の店頭で働くことに区切りをつけたころ、レコーダーを手にした本の雑誌社炎の営業杉江さんがやってきました。本屋の日常や工夫、毎日していたことを話していくうちに、あら、これは店頭で自分が伝えたり一緒に考えたりしなければいけなかったことだったと改めて気が付きました。というか、そうしてきたつもりだったのに、現実にはそうなっていないように見える。バトンは渡されたのに、持ったまま既にコースの外に出ちゃってる。

郊外の小さなお店に異動したとき、スタッフはぎりぎりの人数だったけれど、ひたむきに奮闘する彼らにとても感動しました。自分の棚やお店をより良くしようと日々懸命に動いていて、その渇望にも似た向上心に、これは応えないといけないぞと思いました。結局一年経たずに去ることになってしまい、まだまだ工夫のしどころは相当あったはずと今でも悔やんでいます。彼らに十分寄り添えなかった心残りも手伝って、今からでも間に合うのならという心持ちになり、みんな承知しているし既にやっていることという前提を外して、ずっと腰に提げていた袋を開陳したつもりです。そしてこの本が、書店で働く人たちを、ほんの少しでも、少なくとも午前中の開梱くらいまでは元気にすることができたなら、こんなに嬉しいことはありません。

本屋なのに知らない本があって毎日不安だったけれど、実は、知らない本があることそのことが大きな喜びでもありました。日々本が出版され、本屋に行けば本が買える。大げさに言えば、そんな国そんな時代にうまれて、こんな豊かな仕事に長い間携ることができて良かったと、つくづく思っています。

本屋で仕事しているなかで出会ったたくさんの方たちに、この場を借りてお礼申し上げます。初めて出版社の営業さんと話して緊張している新入社員のワタシに、この本屋でこの本についていちばん知っているのは矢部さんになったんだから責任持って売ってと言ってくれた年下の先輩、段ボール箱を持ってよろけたワタシに斜めに手を掛けて腰から持てと教えてくれたアルバイト青年、初めてスリップに書き入れた注文数が4だったとき、その理由を聞いて正しいと言ってくれた取次の営業の人。お名前は挙げきれませんが、今の矢部はオイラがいたからだと思った方がいらしたら、それは間違いありません。

そして杉江さん。杉江さんの熱い想いのおかげで、あのコメダ珈琲店での時間が本という立派な形になりました。思いがけないことになって、本人がいちばん驚いています。持ったまま一緒にお棺に入れようとしていたバトンを少し前に出せたのかも知れず、とても幸せです。
最後に、この本を棚に並べてくれた書店員の方々に、そしてもちろん、この本を手にとってくれた方々に感謝申し上げます。本当に本当にありがとうございました。

２０１９年12月　矢部潤子

初出

第1講から第4講は、WEB本の雑誌(http://www.webdoku.jp/)にて連載。それ以外はすべて書き下ろしです。

イラスト　鈴木浩平
装丁　田村保寿

協力　古幡瑞穂　日本出版販売株式会社
鎌垣英人　楽天ブックスネットワーク株式会社
逸見正和　株式会社KADOKAWA

本を売る技術

二〇二〇年一月二十九日　初版第一刷発行
二〇二三年六月十四日　初版第四刷発行

著者　矢部潤子
編者　杉江由次
発行人　浜本茂
印刷　株式会社シナノパブリッシングプレス
発行所　株式会社本の雑誌社
〒101-0051
東京都千代田区神田神保町1-37　友田三和ビル
電話　03(3295)1071
振替　00150-3-50378

ISBN978-4-86011-438-1 C0095